权威主义
还是精英民主

新加坡政治发展研究

梅少粉 ◎ 著

天津出版传媒集团

天津人民出版社

图书在版编目（ＣＩＰ）数据

权威主义还是精英民主：新加坡政治发展研究／梅少粉著. -- 天津：天津人民出版社，2023.9
ISBN 978-7-201-19651-0

Ⅰ.①权… Ⅱ.①梅… Ⅲ.①政治—研究—新加坡 Ⅳ.①D733.9

中国国家版本馆 CIP 数据核字(2023)第 148550 号

权威主义还是精英民主：新加坡政治发展研究
QUANWEIZHUYI HAISHI JINGYING MINZHU: XINJIAPO ZHENGZHI FAZHAN YANJIU

出　　版	天津人民出版社
出 版 人	刘　庆
地　　址	天津市和平区西康路35号康岳大厦
邮政编码	300051
邮购电话	（022）23332469
电子信箱	reader@tjrmcbs.com
责任编辑	武建臣
装帧设计	汤　磊
印　　刷	天津新华印务有限公司
经　　销	新华书店
开　　本	710毫米×1000毫米　1/16
印　　张	12.25
插　　页	2
字　　数	200千字
版次印次	2023年9月第1版　2023年9月第1次印刷
定　　价	68.00元

前　言

　　新加坡的政治发展一直是政界和学术界的关注点，有人从李光耀的思想研究开始，认定新加坡是"李氏王朝"，是典型的权威主义国家；也有人考察了新加坡的历史、特殊国情和发展环境，认为新加坡政治属于民主政治。那么究竟新加坡的政治发展属于权威主义还是精英民主？它的政治发展模式是如何形成的？在西方既有的民主评判标准下应该如何阐释、评价这种政治发展模式？显然，西方的民主并不是判断民主政治的唯一标准，对于新时代的民主我们应该有怎样的新思考？围绕上述问题，我开始了对新加坡政治发展问题的研究。从 2013 年开始，我开展搜集查阅与新加坡发展相关的文献资料，从国家图书馆到北京大学图书馆到中共中央党校图书馆，结合新加坡国立大学、中国知网资料等，我了解到学者们对于新加坡经济发展巨大成就的赞扬，感慨于学者们对新加坡教育模式的推崇，更惊叹于学者们对新加坡政治发展问题的激烈争论。关于新加坡政治发展的说法各执其词，如"威权主义""一党专政""托管式民主""亚洲式民主""精英民主"等。

　　我认为新加坡的政治发展有其特殊性，它并非西方判断标准之下的威权主义国家，而是一种有限的民主，属于精英民主政治的发展模式。对民主的评判不应仅仅局限在西方已有的标准之上，要结合具体实际，特别是在新加坡是否民主的问题上，要全面考虑它的历史、文化等方面的因素，这样才能找到一党长期执政、精英人物的作用得以最大限度发挥的根本原因。固然，新加坡的成功有其特殊的地理、历史和个人因素（如城市岛国、英国殖民历史、李光耀个人魅力等），很难被复制和模仿，但是可以借鉴。研究的目的在于拨云见日，揭开固有的西方研究模式的面纱，找到根源，充实理论的发展以期服务于实践中的研究。

本书主要研究新加坡的政治发展问题，即新加坡在政治发展过程中形成了哪些制度规范，这些制度是怎样形成的，对于新加坡的发展起到了怎样的作用，有何特殊性与普遍性等。主要内容包括：第一，相关概念的阐释，如政治发展、制度规范，新加坡法律制度与政治发展的关系。第二，相关理论的阐释。以典型的权威主义国家韩国（1960—1979年）为例，对权威主义和精英民主进行了比较分析，指出了新加坡政治发展道路的必然性。第三，应用历史制度主义方法论，考察新加坡政治发展模式形成的四个方面因素，即被迫脱离马来西亚联邦和英国撤军带来的外部压力，政治经济发展诉求与本身地狭人少、自然资源匮乏之间的冲突，东西方文化冲突与融合下形成的鱼尾狮智慧的引导，各行各业精英人物的强力推动。第四，以历史制度主义为视角，考察新加坡的精英民主政治制度的结构，从制度基础、法治基础、政治行为主体、信仰与价值观四个方面展开。精英政治制度之所以在新加坡具有可持续性，因为有其合适的文化土壤，培养了新生代的领导人及越来越多理性的公民。在后李光耀时代，这种既定的精英民主政治发展模式也不会发生本质性的改变。新加坡的精英民主政治固然有自身的特殊性，但它以自身的成功向世界表明,民主政治不仅仅有西方国家一种模式,西方的民主标准也不是放之四海而皆准的,在受儒家文化影响的新加坡,精英民主政治发挥了最大的效能,既充分反映和代表了绝大多数人的利益诉求,又形成了完善的制约和纠错机制。同样受儒家文化影响的中国政治,也有其深厚的文化底蕴和基础。中国特色社会主义政治发展愈加彰显其优势,共建"一带一路"、人类命运共同体的构建、新冠肺炎疫情下的"中国力量"和"中国速度"都是鲜明例证。中国的政治发展道路也是具有可持续性的,因为它已经形成了一个好的制度,具有合适的文化土壤、新时代领导人和理性的公民,它也以自身制度的成功向世界表明了中国本质和中国优势,西方所谓的"中国威胁论""中国霸权论"也就不攻自破了。

目录
CONTENTS

第一章 导 论

第一节 问题的提出及背景

一、问题的提出

新加坡的政治发展引起了政界和学术界不同角度的关注，有人从李光耀的思想研究开始，认定新加坡是"李氏王朝"，是典型的权威主义国家；也有人考察了新加坡的历史、特殊国情和发展环境，认为新加坡政治属于民主政治。针对这一争论，本书运用历史制度主义的分析工具，在对新加坡研究文献资料进行综合分析的基础上提出了所要研究的三个主要问题，即：

第一，新加坡的政治发展究竟属于权威主义还是精英民主？对这一问题的明确回答是对新加坡政治发展研究的基本出发点。

第二，新加坡的精英民主政治发展模式是怎样形成的？即在新加坡精英民主政治形成过程中起关键或决定作用的变量有哪些？

第三，如何评价新加坡的精英民主政治模式，其发展前景如何？西方的标准是唯一判断民主政治的标准吗？关于民主我们应该有怎样的新思考？

二、研究背景

之所以要研究这些问题是基于如下背景：

第一，对新加坡政治问题的研究一直以来都是学术界的聚焦点之一。在中国国家图书馆的馆藏书目中，以新加坡为题目进行搜索，共检索到馆藏外文书目 21000 本，中文书目 7700 本。在中国知网，以新加坡为书名进行中文检索，共检索到相关图书 2654 种，其中历史、地理类 157 种，政治法律类 322 种，经济类 516 种，文化教育类 92 种，还有其他如文学、语言、宗教、军事等方面的著作。按照书目的出版年限划分，2018 年共 139 本，2019 年共 82 本，2020 年共 49 本，2021 年共 37 本，2022 年共 15 本（统计时间截至是 2022 年 8 月）。以 Singapore 为书名进行英文检索，共有相关图书 1379 种，2018 年至 2022 年分别为 128、62、49、34、15 种。在中国知网，以新加坡为篇名（时间范围是 2018 年至 2022 年）进行检索，共找到 67428 个结果，其中 2019 年至 2022 年分别为 3535、4703、4599、164 篇相关论文。这说明新加坡问题是一个值得研究的问题，是真问题而不是伪问题。尽管研究成果颇多，但就政治方面而言，很少有专门涉及新加坡的精英民主问题，研究新加坡政治者也大多认为新加坡是权威主义国家，这是值得商榷的。

第二，中国对新加坡也保有长期的关注。首先是"文化大革命"之后中国政治学的恢复和重建为我国的一些学者开展对新加坡的研究提供了可能性;其次是 20 世纪 60 至 90 年代,亚洲"四小龙"的经济增长奇迹颇受世界瞩目,也引起了中国的高度关注。为了探求"四小龙"在经济上成功的原因,一些学者对这些国家和地区展开了研究。也有不少学者从政治方面出发对包括新加坡在内的东南亚国家和地区进行研究。对新加坡政治发展的关注还有一个非常重要的原因就是党和国家领导人的倡导。早在 1988 年邓小平会见李光耀时就提到了"向新加坡学习"[①]。在邓小平南方谈话后,向新加坡学习的口号再次被提了出来,邓小平讲道:"新加坡的社会秩序算是好的,他们管得严,我们应当借鉴他们的经验,而且比他们管得更好。"[②]

第三,学界由对新加坡研究的不同方向和立足点引发的争论。对新加坡的研究出现了不同的侧重点,有学者着眼经济发展的巨大成就,有学者受启发于新加坡的教育模式,有学者致力于领袖人物的研究,有的学者从新加坡树立的亚洲价值观出发一探究竟,还有学者给新加坡的政治发展模式以不同的定性,称之为"威权主义""一党专政""托管式民主""亚洲式民主"等不一而足。特别是 2011 年新加坡大选之后,新加坡政治研究热潮再次兴起。对于新加坡的政治发展内涵和结构,一些政治学领域的著名学者如亨廷顿、扎克里亚等都做过论述。党的十八大以来,我国不断健全反腐败体制机制,构建了党中央统一领导、各级党委统筹指挥、纪委监委组织协调、职能部门高效协同、人民群众参与支持的反腐败工作体制机制。从当前中国实际出发,以比中国发展更早一些、诸多主要干预变量相似,也是非常典型的渐进式发展的新加坡作为比较对象,有利于进一步阐明中国改革的方向、向度和深

---

① 张永和:《李光耀传》,花城出版社,1993 年,第 459、466 页。

② 《邓小平文选》(第三卷),人民出版社,1993 年,第 378~379 页。

度。于是,国内学者如吕元礼、卢正涛、李路曲等也对中国与新加坡的廉政建设进行了比较研究。

我认为新加坡的政治发展有其特殊性,它并非西方判断标准之下的威权主义国家,而是存在一种有限的民主,它属于精英民主政治的发展模式。对民主的评判不应仅仅局限在西方已有的标准之上,要结合具体实际,特别是在新加坡是否民主的问题上,要全面考虑它的历史、文化等方面的因素,这样才能找到一党长期执政、精英人物的作用得以最大限度发挥的根本原因。固然,新加坡的成功有其特殊的地理、历史和个人因素(如城市岛国、英国殖民历史、李光耀个人魅力等),很难被复制和模仿,但是可以借鉴的。研究的目的在于拨云见日,揭开固有的西方研究模式的面纱,找到根源才能充实理论的发展以期服务于实践中的研究。

第二节　文献综述

20世纪70年代末,中国开始实施对外开放政策,要学习借鉴国外发展的先进经验为中国的社会主义现代化建设服务。中国领导人和学界并没有因新加坡是小国而忽视对其发展模式和改革经验的重视。习近平2015年访问新加坡时指出:"1978年,邓小平先生访问新加坡,拉开了新时期中新友好合作的序幕……在目睹新加坡创造的经济成就后,邓小平先生表示,中国要向新加坡学习。"[①]他进一步说:"新加坡的实践为中国破解改革发展中

---

① 习近平:《深化合作伙伴关系、共建亚洲美好家园——在新加坡国立大学的演讲》,《人民日报》,2015年11月8日。

的一些难题提供了宝贵借鉴,中国发展也为新加坡带来了巨大发展机遇。"①
由此,中国学术界加快了新加坡研究的步伐,研究人数越来越多,成果也日
渐增加。"新加坡与中国的文化学术交流日益频密,中国一些研究机构还积
极开展对新加坡及东南亚的研究。近几年来我跟研究东南亚的中国机构和
学者接触较多,总体而言,这些机构与学者对东南亚的研究相当认真,见解
新颖。"②一些新加坡研究的机构和科研院所的成立使得研究成果和规模都
更趋系统化。如广西东南亚经济与政治研究中心、中国社会科学院亚洲太平
洋研究所、广西社会科学院东南亚研究所等,以及在一些高校设置的研究所
也有对新加坡的专门研究,如中山大学、暨南大学、厦门大学等都设有专门
的东南亚问题研究所。这些研究机构的存在为新加坡研究提供了固定的阵
地,也招揽越来越多的研究人员投身其中,研究力量大增,研究范围逐渐拓
宽,硕果累累。

新加坡作为一个独立国家的历史是很短的,而学术界的研究成果却极
为丰富。综观学者们的研究,多少都与权威主义还是精英民主的判断相关,
最明显的是有学者明确主张新加坡属于权威主义,也有学者著书立说论证
新加坡政治是民主国家。还有学者从不同角度对新加坡是权威主义还是精
英民主的问题进行了考察,如从人民行动党、亚洲价值观以及李光耀个人研
究的角度等。

---

① 习近平:《深化合作伙伴关系、共建亚洲美好家园——在新加坡国立大学的演讲》,《人民日报》,2015 年 11 月 8 日。

② Han Tan Juan, Chinese researchers lack accurate knowledge on Singapore, Lianhe Zaobao, 2001-06-30.

一、新加坡是人民行动党一党制下的非民主国家

有学者从对人民行动党的研究出发，认为新加坡是一党制，进而断定新加坡是非民主国家。在中国知网国际资源总库中，以 Singapore 为关键词进行外文文献的搜索，符合条件的有 187606 条。可见，对新加坡问题的研究在国外学术界也占有相当的比重。而对新加坡是权威主义国家这一观点的论述当首推亨廷顿。亨廷顿在其著作《第三波：20 世纪后期民主化浪潮》中明确指出了新加坡的政党制度属于一党制。他将国家政体划分为民主国家和权威主义国家两种，同时认为，在第三波的民主浪潮中有一部分国家从权威主义向民主国家转变，主要包括实行一党制的国家、由军人掌握国家政权的国家以及实行独裁主义的国家。亨廷顿说："把产油国作为特例放在一边，世界上最富裕的国家除新加坡外，都是民主国家。"①从他的论述中可以看出，亨廷顿一方面把新加坡划入了非民主国家的行列，另一方面又指出它不是军人掌握政权的国家，而且也不是个人独裁的国家。他的结论是新加坡是实行一党制的国家，并从而以此论断新加坡是权威主义国家。

Martin Perry 也从人民行动党的角度论述了新加坡属于权威主义国家。他在 Singapore：A Developmental City State 一书中给出了论证新加坡属于权威主义国家的三个理由：①人民行动党仍然处于执政地位，而该党在历史上对反对派采取过不民主镇压的做法。②仍然维持着力求将政府决策赋予专家，而公众总体上并不知晓的统治方式。③保留着限制民主自由的法律，包

---

① ［美］亨廷顿：《第三波：20 世纪后期民主化浪潮》，刘军宁译，上海三联书店，1998 年，第 3 页。

括准许不经审判就拘留人可达两年的内部安全法。①他还进一步指出,新加坡的政党体制是一个人民行动党独大的政党制,反对党虽然名义上有合法地位,但是并没有公平竞争的政治基础。可以看出,Martin Perry 是从对人民行动党的长期占据执政地位这一历史事实出发来论证新加坡的权威主义性质的。

中国对新加坡人民行动党的研究是从其成立之日起开始的,刚开始是关注它的活动和发展动向。自 20 世纪 80 年代起,中国学者开始了对人民行动党的规范层面研究,主要代表是中国人民大学张泽森的《新加坡人民行动党及其民主社会主义》一文,该文充分肯定了新加坡人民行动党在第三世界的成功,认为它是"民主社会主义"政策的一个典型。②台湾文化大学的黎淑惠在其硕士论文《新加坡人民行动党的研究》中,通过对人民行动党的历史沿革、组织目标、从政精英与党员、选举与经济现代化等方面的研究,考察了 1954 年至 1984 年的人民行动党,亦充分肯定了人民行动党在新加坡国家发展中的积极作用。21 世纪以来,以孙景峰为代表的一批新加坡研究学者开始了对人民行动党的全方位研究,如对人民行动党执政规律的分析,对人民行动党政治生态的研究,对人民行动党与新加坡现代化关系的研究等。至此,国内由人民行动党而认定新加坡属于权威主义的国家的声音已逐渐凸显。1990 年至今,在中国知网,以"人民行动党"为主题进行搜索,共找到论文 1087 篇,硕博士学位论文 136 篇,大多侧重于人民行动党的纯洁性、忧患意识、加强社会建设、执政的合法性等方面的研究。

---

① Martin Perry, Lily Kong and Brenda Yeoh, Singapore: A Developmental City State, John Wiley & Sons Ltd., 1997, p.82.

② 张泽森:《新加坡人民行动党及其民主社会主义》,《社会主义研究》,1984 年第 1 期。

特别是近五年来，新加坡研究的学者们更注重研究新加坡政治发展中的某一方面或某一种制度建设对中国的借鉴意义，如人民行动党如何处理党群关系，人民行动党如何处理与基层组织的关系，人民行动党和谐执政的理念等，这体现了学者们学以致用，服务于本国发展的精神和态度，出发点是好的。学者们普遍认为，新加坡政府主导经济发展，造就新加坡的经济奇迹。①其中，郑维川认为，新加坡人民行动党和政府非常注重经济发展，注重提高人民生活水平。他们"对反对党、工会、新闻媒介以及社会各种集团的力量进行了全方位的控制和改组"②，不断加强人民行动党自身的建设，并借助新加坡社会中固有的传统力量进行统治管理，目的在于谋求新加坡的政治稳定。这些学者通过对新加坡人民行动党的考察，都或明确或含蓄地提出了新加坡是权威主义国家的主张。

也有一部分学者进一步从政治参与等角度论证了新加坡属于权威主义国家。李路曲教授从政治参与的角度对新加坡的权威主义发表了自己的看法，认为新加坡的政治参与基本上是在政府的动员下进行的，其目的是导向政府某一具体政策目标的实现。在这种权威体制中，并不是为了维持政治秩序而一味地对民众的政治诉求进行压制，而是严格但有限度地压制民众的政治参与，并随着经济和政治发展而逐步缓解这种压制。③陈祖洲认为："人民行动党上台执政后，通过排斥左翼，镇压工人和学生运动，建立了一党专政政体，政党与国家融为一体，为建立"权威型"政治奠定了基础。"④

毋庸置疑，通过人民行动党来考察研究新加坡政治是一条必要且可行

---

① 李路曲:《新加坡的经济发展观》,《亚太研究》,1993 年第 4 期。

② 郑维川:《新加坡治国之道》,中国社会科学出版社,1996 年,第 161~163 页。

③ 李路曲:《新加坡与中国国家治理方式变革的比较分析》,《学海》,2017 年第 2 期。

④ 陈祖洲:《新加坡:"权威型"政治下的现代化》,四川人民出版社,2011 年,第 112 页。

的路径,因此,对人民行动党长期执政地位的成因、新加坡政党制度的性质判定显得尤为重要。需要说明的是,亨廷顿将新加坡定位为一党制是有失偏颇的,因为根据定义,所谓一党制指的是只存在一个政党,同时在国家范围内法律和事实层面都禁止其他政党的存在,这样的政党制度才叫一党制。新加坡政党的实际状况是,除了人民行动党以外,还合法存在着其他23个不同的政党,他们可以和人民行动党竞争角逐国家领导权,是合法的竞争者,并且在实际的竞选过程中,他们也参与了竞选活动,是人民行动党合法的切实的竞争者。新加坡不是人民行动党"独霸天下"的一党制,而是以人民行动党为"优势党"的一党独大制。萨托利曾非常明确地指出,实行一党独大制度的国家属于民主国家。他认为一党独大制毫无疑问应该属于多党制范畴,因为在一党独大制国家,除了存在一个主要政党之外还能有其他政党存在,而且是合法的存在,这些其他政党构成了主要政党的反对者和竞争者。从这个意义上来讲,除主要政党之外的小党是优势政党的真正独立的反对者。一党长期执政主要是因为这个主要的政党通过各种手段长期占据着优势政治资源并取得了选民手中的绝大多数选票,从而一直长期执政,直到别的政党有能力赢取更多选票,才有可能实现轮流执政。在新加坡,人民行动党处于政治舞台的中心地带,它作为主流政党"遍寻全国以查访有识之士,将他们招揽旗下"。同时,反对党在政治舞台的边缘地带也发挥着必不可少的作用,他们的存在和参与竞选让人民行动党时刻保持警醒,不敢有丝毫松懈,反对党的存在使得人们在投票选举的时候多了一种选择,也有了比较判断的参照,最后做出取舍,选出他们认为能真正为新加坡人民谋福利的政党。如此,那些认为新加坡是一党制进而推断其为权威主义国家的言论在现实面前便不攻自破了。

通过对人民行动党的研究，多数学者看到了其在新加坡政治发展中的关键性作用，看到了一党长期执政的现实,这是值得肯定的。因为从新加坡在英国殖民统治时期开始，到自治邦形成,再到新马合并,最后到新加坡独立政府的建立,整个过程中人民行动党都发挥着关键性的作用,也可以说新加坡独立的过程就是人民行动党击败各种破坏国家独立统一的力量并不断凝聚维护国家利益群体的过程。但是学者们基于此而得出新加坡是人民行动党的"一家天下",进而认为新加坡是权威主义国家的观点就有失偏颇了。人民行动党之所以能够赢得国会议席的绝大多数,长期处于执政党地位,最根本的原因在于它获得并一直维持着较高的合法性。新加坡人民行动党之所以能长期维持这种一党独大的局面,和该政党做出的实际政绩、制度建设以及人才培养任用密切相关,在有限自然资源的基础上充分挖掘人才的潜力,将之笼络在自己身边,为国家发展服务,也为党的长期执政奠定了人才基础,由此形成了新加坡的精英政党。可以说,人民行动党的人才培养、选拔和任用也正是推动新加坡走向精英民主政治道路的关键因素。

二、新加坡是在李光耀影响下的权威主义国家

有学者从对李光耀个人的研究出发，侧重新加坡政治发展过程中李光耀个人的作用,以此认定新加坡是权威主义国家。中国知网国际文献总库中,以 Lee Kuan Yew 为题目进行外文文献搜索,共有 323 条;以李光耀为关键词进行搜索,共有中文文献 2412 条。可以看出,在对新加坡的研究中,李光耀是一个大多数学者都会关注的切入点。国外学者对李光耀的研究中,更多地是把李光耀与新加坡威权政治的形成与持续联系起来。如Kevin

Hewison 考察了新加坡威权政治的形成过程，他认为从 20 世纪 60 年代起，"人民行动党内李光耀一派就与共产主义者之间开始了争夺领导权的斗争，威权政治就是在这种斗争中诞生的"①。

在中国知网中，以"李光耀"为关键词对论文进行搜索，查询结果为 2065 篇，硕博士论文以李光耀为题目的就有 251 篇。这些李光耀的研究者们多是从李光耀个人在人民行动党中的作用、双语政策的精英教育、实用主义执政理念、亚洲价值观、廉政建设等方面进行的研究。特别是在廉政建设方面，多数学者认为这是与李光耀的个人垂范密切相关的。陈永忠认为，李光耀在反腐倡廉方面所起的言行一致的表率作用构成了新加坡廉政文化建设的一个重要前提。②陈峰君则认为，新加坡廉政建设的经验是，国家领导人必须有献身精神和不贪恋钱财、以人民利益为重的品格；保持公务员廉洁高效，并以俸养廉；反对和摈弃金钱政治。③其中不乏一些研究者片面夸大李光耀的个人作用，而没有认识到在李光耀带领下的一整套法律和制度体系的形成与作用，以及新加坡特有的历史文化传统和政治文化积淀，由此而误认为新加坡的发展是李光耀个人权威作用的结果，还引发了对后李光耀时代的判断和担忧。

的确，关于李光耀的研究非常多，甚至可以说，新加坡政治、经济、社会等每一个方面的问题都或多或少受李光耀的影响。无论从李光耀的法治建设、廉政建设、好人政府建设方面来谈，还是从他的实用主义执政理念、精英主义教育理念、包容妥协的管理理念方面来说，李光耀都堪称新加坡发展当

---

① Kevin Hewison, Richard Robison and Garry Rodan （eds.），*Southeast Asia in the 1990s: Authoritarianism, Democracy and Capitalism*, Australia: Allen & Uwin Pty 1993, p.80.

② 陈永忠：《国外廉政文化建设的经验与启示》，《廉政文化研究》，2020 年第 11 期。

③ 陈峰君：《东亚与印度：亚洲两种现代化模式》，经济科学出版社，2000 年，第 108~111 页。

之无愧的设计师。时势造英雄，是新加坡选择了李光耀，而李光耀立足新加坡实际，顺势而为，制定并执行了符合新加坡发展的政策措施，形成了独具特色的新加坡民主政治发展模式。

三、新加坡价值观中融合了东西方文化

有学者从对新加坡价值观的研究出发，论述新加坡政治文化中东方结合的特点，探讨这种文化的融合过程。新加坡自身价值观的形成是受殖民时期遗留因素和儒家传统文化双重作用的结果。英国殖民政府撤离新加坡后留下的政治遗产对新加坡政治发展尤其是政治价值观的形成影响重大。这些促成了新加坡积极、理智、个性化的民主政治价值观的形成，而同时，传统文化中的消极、感情、一致等基本特征与之形成了鲜明对比。一些学者研究了英国殖民地时期的新加坡以及殖民者撤离之后对新加坡遗留的影响，认为英国留给新加坡的文官体系和法治理念模式对新加坡的发展意义重大，新加坡人民行动党政府继承了这些政治遗产，如有效率的文官体制、负责任的公民社会及法律高于一切的独立司法体制。英国殖民政府留下的有优秀政治遗产也有残渣，精英主义理念源于英国殖民时代，当时就有奖学金培养精英成为公务员，但仅限于效忠英国的英文教育子弟。

面对西方文化的入侵，新加坡领导人积极开展社会运动，提出希望为各种族所遵守的价值观，即共同价值观，以此巩固新加坡民族的集体意识。学者们对此意见不一，有的持否定态度；有的则实事求是，认为共同价值观、集

体意识的确是有别于西方以个人为核心的价值观念或意识形态。①新加坡问题研究专家吕元礼认为,亚洲价值观是与西方价值观相对应而存在的,而且在相互撞击中不断发展,与西方的价值观明显不同。他认为亚洲价值观的提出或存在并不意味着存在一套为全体亚洲共同接受或认同的亚洲统一或同一的价值观,而是特指存在于东亚国家和地区的以儒家文明为主体的价值观,是以儒家文明为主体的价值观在东亚的创新与发展。②在价值观研究方面,庄礼伟与之观点相似,认为亚洲价值观的积极意义在于"它作为东亚一些发展中国家的具有权威主义色彩的官方意识形态和官方所提倡的主流价值观,它所提出的非西方发展模式与西方模式的自我变革都是人类探索未来社会形态的有益尝试"③。在亚洲价值观的研究史中,应避免以下几种学术倾向:过分强调亚洲价值观相对于西方的异质性;把亚洲的和西方的价值观都视为均一的和静态的存在;把西方对人权、民主的关注都说成是霸权主义、帝国主义。

有学者从新加坡价值观中对西方借鉴的角度进行研究,如新加坡的法治建设、国会制度等。李路曲认为,从新加坡的政治实践来看,西方一些传统的民主转型理论并不完全适用,在这种相对一元的政治体制内也可以发展起有效的监督机制,而这是法治社会的根本保障。④韩大元认为,在新加坡,法制的工具性特征十分明显,法的价值性和工具性的冲突比世界上其他国

---

① Beng Huat Chua, *Communitarian Ideology and Democracy in Singapore*, London and New York: Routledge, 1995.

② 吕元礼:《亚洲价值观:新加坡政治的诠释》,江西人民出版社,2002年,第47页。

③ 庄礼伟:《亚洲的高度》,广东旅游出版社,1999年,第504页。

④ 李路曲:《后发展国家法治社会构建的政治生态分析——以新加坡为例》,《比较政治学研究》,2015年第2期。

家都表现得更为突出。①王瑞贺探讨了新加坡国会在新加坡政治体制中的地位、国会的历史与发展、组织状况、功能、议事规则与议事程序、政党与国会的关系等问题，认为国会在新加坡的政治发展中发挥着重要作用。②

　　还有学者意识到新加坡这种价值观的形成是东西方融合的产物，就是因为新加坡很好地吸纳了东西方的文明和价值并为自己国家所用，才形成了一种"好政府"模式。对这一"好政府"的研究也是中国学者所热衷的，如马福运就认为，新加坡"好政府"的实践不仅带有一般善政实践中政府的主动性特征，而且具有儒家传统的家长制特色，其特点是政府对社会活动和选择的强计划性和控制性。③吕元礼也对好政府展开了进一步的研究和论述，认为新加坡的好政府创新了儒家的人治思想，它实行依法治权。④还有学者看到了这种东西方融合价值观下所带来的新加坡政治稳定，例如卢正涛认为，新加坡人民行动党连续执政超过60年，在长期执政的政党中无疑具有代表性。人民行动党在执政过程中展现出非凡的治国理政能力，无论是在发展经济还是在政治社会建设等方面都取得了巨大成就。⑤陈峰君认为，新加坡是东南亚国家和地区中政治稳定程度最佳者之一。⑥

---

① 韩大元：《东亚法治的历史与理念》，法律出版社，2000年，第227页。

② 王瑞贺：《新加坡国会》，华夏出版社，2002年，第25页。

③ 马福运：《中国学者视野中的新加坡政治体制及其启示》，《江西师范大学学报》（哲学社会科学版），2019年第1期。

④ 吕元礼：《亚洲价值观：新加坡政治的诠释》，江西人民出版社，2002年，第59页。

⑤ 卢正涛：《国家建设与一党长期执政——基于新加坡政治发展的分析》，《学术界》，2021年第8期。

⑥ 陈峰君：《东亚与印度：亚洲两种现代化模式》，经济科学出版社，2000年，第123页。

四、新加坡的治理、制度、法治的民主性

有学者从新加坡的治理、制度、法治建设方面,描述新加坡政治发展中取得的成就,从另一个角度论证了新加坡的政治发展的民主性,他们认为新加坡应该属于民主国家。Alex Josey 指出新加坡一直维持着议会民主制的形式,在程序上是民主的。[①]同时,也有不少学者注意到新加坡的民主和西方国家的民主模式是有所区别的。新加坡著名政治学家 Quah.J.称新加坡的政治体制的特征是"受控制的民主"(controlled democracy)。人民行动党在国会外对反对党加以限制,阻止反对党对执政党的挑战,根据自由、公正、定期选举的标准来衡量,新加坡民主只能满足民主最低标准。[②]陈庆珠概括了新加坡民主的主要特征:①集体意识;②接受并服从权威和等级制;③实行"统治政党制度";④存在一套中央集权的官僚机构和一个强大干预的国家政府。[③]新加坡实行的不是"放任自由的民生制度",而是"经过调试的民主制度"。[④]新加坡学者 Beng Huat Chua 认为新加坡正在走向"集体民主"。集体民主是集体利益至上的民主,强调共同的价值观。[⑤]这些学者肯定了新加坡属于民主国家,但需要指出的是,新加坡的民主是有限的民主。"一个复杂社会中的民主,可以定义为一种政治系统,该系统为定期更换政府官员提供合乎宪法的

---

① Alex Josey, Democracy in Singapore, Asia Pacific Press Pte Ltd., 1970.

② Martin Perry, Lily Kong and Brenda Yeoh, *Singapore: A Developmental City State*, John Wiley& Sons Ltd., 1997, pp.62–66.

③ 陈峰君:《东亚与印度:亚洲两种现代化模式》,经济科学出版社,2000 年,第 158 页。

④ 吕元礼等:《鱼尾狮智慧:新加坡政治与治理》,经济管理出版社,2010 年,第 182 页。

⑤ Beng Huat Chua, *Communitarian Ideology and Democracy in Singapore*, London and New York: Routledge, 1995, pp.185–198.

机会；也可以定义为一种社会机制，该机制允许尽可能多的人通过在政治职位竞争者中做出选择，以影响重大决策。"①但是这种类型的民主只能是美国、英国以及法国等实行两党制或多党制国家的民主。在这些国家中，由于政党轮流执政，因此公民可以在不同党派的政治职位竞争者中做出选择。然而在新加坡，由于人民行动党一直执掌政权，因此公民只能在人民行动党的不同候选人中做出选择，这与英美法等国相比，选择的范围是狭窄的，但并不能因此而认为新加坡是权威主义国家。

　　Martin Perry 等学者对人民行动党的政治管理以及多元种族主义的政策进行了剖析，指出人民行动党政治构成的三大要素是多元种族主义、实用主义和贤人政治。实行多元种族主义政策的目的是创建一个真正的多元种族社会。人民行动党的政策是实用主义的，只要能有成功的最美好前景，而不管其意识形态如何。采用贤人政治的理由之一，是在种族、宗教和文化问题纠缠在一起的情况下提升政府的能力。追求种族、宗教与文化的和谐与宽容，提高各种族的文化水平都是较为艰巨的任务。②Peter S. J. Chen 等学者从领导权的继承问题入手对新加坡的人民行动党进行了考察，认为人民行动党高度重视领导人的继承问题，将这一问题视为人民行动党能否继续执政、保持新加坡的国际竞争力、维持新加坡经济高增长的关键。③T.J. Bellews 将

---

①　[美]西摩·马丁.李普塞特：《政治人：政治的社会基础》，张绍宗译，上海人民出版社，1997年，第24页。

②　Martin Perry, Lily Kong and Brenda Yeoh, Singapore: A Developmental City State, John Wiley& Sons Ltd., 1997, pp.76-79.Beng Huat Chua, Communitarian Ideology and Democracy in Singapore, London and New York: Routledge, 1995.

③　Peter S.J.Chen (ed.), Singapore Development Policies and Trends, Oxford University Press, 1983. Garry Rodan (ed.), Singapore Changes Guard: Social, Political and Economic Directions in the 1990s, NewYork: St. Martin's Press, 1993.

新加坡的政党制度定位为人民行动党的一党独大制度，但允许其他政党存在并发挥一定作用，包括接受反对党重新进入国会。[①]

当然，他们也意识到了威权主义的弊端，Gavin Peebles 和 Wilson 认为威权政治的负面影响在新加坡经常显现出来。即使作为人民行动党的一个党员也不愿意进入政治，害怕对社会政治问题发表意见；缺乏具有公民社会特征的独立组织，来要求政府解决任何问题，由此导致思想界和企业界缺乏独立性。[②]吕元礼针对这一弊端提出了新加坡可以去试"改装"英国的议会民主、继承东方的家长式情怀和借鉴中国共产党的群众路线的渐进发展模式。[③]

综上所述，在新加坡的政治研究中，学者们的研究态度或指导思想可以概括为两类：一部分认为新加坡政治是民主的；另一部分认为是非民主的或权威型的。赞成新加坡是民主的国家都有着自己不同的标准。赞成新加坡是民主的国家的学者，依据的是程序民主的标准，而称新加坡不是民主的国家，依据的则是西方民主的标准。这样就导致了在对新加坡研究的过程中必然存在一些问题，如研究内容的西方标准化，最典型的是对权威主义政治的认定；研究方法的固定化，多停留在以历史研究法、比较分析法、结构分析法为主的层面。

笔者认为新加坡政治属于有限的民主，同时新加坡奉行精英主义的治国理念，所以它是精英民主国家。本书通过比较权威主义和精英民主的异同，对这一观点进行了论证。在研究方法上，笔者采用历史制度主义的分析

[①] T. J. Bellews, The People's Action Party of Singapore: Emergence of A Dominant Party System, New Haven, 1970. Chan Heng Chee, The Dynamics of One Party Dominance: The PAP AT THE Grass-Roots, Singapore University Press Pte. Ltd., 1976.

[②] Gavin Peebles and Wilson, Economic Growth and Development in Singapore: Past and Future, Edward Elgar, Cheltanham, UK. Northampton, MA, USA. 2002, p.38.

[③] 吕元礼:《新加坡人民行动党借鉴中共群众路线的过程分析》,《理论视野》,2021 年第 6 期。

方法,考察了新加坡精英民主政治的初成、关键节点时期的断裂和演变以及路径依赖下的可持续性发展。论证得出,即便在后李光耀时代,新加坡的政治发展也不会出现大的波动,因为这一套精英主义民主政治的发展模式已经制度化,并深入人心,内化为新加坡领导层及公民的自觉认同。正如笔者所分析的,新加坡的民主政治是英国殖民地旧有制度框架、新加坡国内经济社会发展、东西方文化的相互融合以及精英人物的强势引导相互作用的产物,而这就是新加坡具有自身特色的精英民主政治发展模式。

第三节 研究方法

一、历史制度主义

历史制度主义认为,任何一种制度的形成与发展无外乎四个方面的原因,即内部冲突、外部压力、新的理念的引进和精英的推动,这在新加坡的精英民主政治发展过程中体现的尤为明显。历史制度主义还指出制度的形成和变迁过程中存在着路径依赖,这种路径依赖一方面使得旧制度被打破困难重重,另一方面也使得新制度得以长期持续有效。基于此,新加坡既成的精英民主政治发展模式有了稳定性和持续性。历史制度主义认为,制度与行为体之间存在着一种互动,这种双向的互动体现在新加坡是一种良性的互动。所以,新加坡的政治发展模式也是在精英人物与既有制度之间的不断互动中发展完善的,它终究去向何处亦不会有固定的结果,而是在动态治理中不断发展。

二、其他研究方法

从总体上来说，本书的研究方法是以马克思主义的基本观点和基本方法为指导，运用历史制度主义的分析框架，通过政治发展和民主理论的脉络，在对前人研究成果进行综述的基础上，对学术界较有争议的新加坡精英民主问题进行研究。还有一些其他的研究方法，如文献资料研究法等。所谓文献资料研究法是指通过查找、阅读、分析、整理有关文献材料来全面正确地分析、掌握所研究的问题。通过对所占有的文献资料进行分析、比较、综合、概括，在此基础上批判性应用，形成自己的观点。

第二章　权威主义与精英民主之辨析

　　规范性研究的基本出发点是概念，书中所涉及基本概念的内涵与外延需要我们给予清晰的界定，本书中主要涉及权威主义（Authoritarism）和精英民主（elitist democracy）两个核心概念，本章将其分解为权威、权威主义和精英、民主、精英主义、精英民主六个子概念来分别界定。

第一节　权威主义与精英民主相关概念

一、权威主义

（一）权威

　　学术界关于权威的概念有着不同的看法。在政治学和法学界，权威通常被理解为一种从事某种活动的权利，包括制定法制的权利及所有与国家统治有关的较次要的权利。《布莱克维尔政治学百科全书》中的权威定义为，只有在听众承认他们并不是依赖于自己对所听到的话语得以成立的理由所下的判断和评价，而只是考虑到这些词句是出自某个特定的说话者——这个说话者因其被公认的某个特性而区别于常人，且被人们接受为应当有权获得听众的反应——之口的时候，这些话语才被认为是有权威的。①对权威的这种理解在很长时间里一直存在争论，因为它涉及政治义务、政治自由和自主性的问题，所以要对权威所涉及的人的相互关系进行分析。从宽泛的角度来讲，有人称权威是任何一种被视为合法的权力系统或社会控制，从这个角度来说明所涉及的人之间存在着某种从属关系，一些人受另一些人的支配，而不管这种支配模式究竟是怎样的。从这个角度来理解，权威就成了一种普遍现象，它与有组织的社会的产生发展是相伴而生的。这一视角下的权威包含了各种完全不同的社会关系。马克斯·韦伯是这一观点的典型代表，他关于权威的分类法在学术界和政界都具有很大的影响力。他把权威分为三种类型，即克里斯玛型权威（个人魅力型）、传统型权威和法理型权威。这一分类法也被公认为政治系统中最详尽的分类。也有人从西方的法律和政治哲学范畴来厘定权威的概念，这一方法多体现在论述现代国家的产生和现代国家的独特性的理论中。根据这种对权威的认定方法，权威这一概念是用来界定统治者和被统治者之间关系的具体性质的，不管统治者与被统治者之间的关系以何种形式表现出来，这一关系的性质可以用权威来表示。这样也可避免权威关系与其他关系相混淆。这种方法所表达的意识与汉娜·阿伦特

---

① ［英］戴维·米勒等编：《布莱克维尔政治学百科全书》，邓正来（中译本主编），中国政法大学出版社，1992年，第45~47页。

的观点不谋而合，那就是"如果要给权威下一个完整的定义，那么就必须使其既区别于依靠武力的压服，又区别于运用论争的说服"[①]。这种关系是一种独特的关系：它不同于任何强制性的关系，因为要求遵从的话语依赖于说话者先前已有的权威，而并不取决于其随后出现的造成不必要效果的权力；它也不同于说服和劝告的关系，因为要求遵从的话语并不依赖于为求得听众同意说话者所要求的而使用的那些论据。如此，基本可以认定，权威是一个表示关系的概念，"圣典的权威""教会的权威""父母的权威""国会的权威"等含义，都可以参照存在于四大要素之间的具体关系来加以表述，这四大要素是：创始者、表述的意见、听众和反应。由此可见，权威与依靠武力的压服和运用争论的说服都是不尽相同的，这也是对权威意指统治者与被统治者关系的性质的进一步论证。

追根溯源，权威与它的同源词如"创造者""授权""权威性的"等词一样，都经历了一个长期复杂的演变过程。权威的最早来源是古罗马时期的"创始人"和"威信"这两个词；后来，权威被用在各种不同的人类活动及其交往中，这时还未涉及政治和法律领域，主要在宗教、教育、家庭事务等领域内应用；随后，权威的应用范围逐渐拓宽，基本上应用于人类所有的共同事务中。不管在哪个时期，也不论在哪些范围内应用，权威都是用来维护一部分人对其他人的行为或信仰所提出的某种类型的要求，它同时也否定了另一部分人的行为或信仰的要求。这个时候，权威通过信条、主义、观点等形式表现出来，通过国家机器可以被视为信仰、忠诚、法律、裁定、指令等约束人们的行为规则。而做出这样规则的人就是当之无愧的权威人物，权威的力量也就体

---

① ［英］戴维·米勒等编：《布来克维尔政治学百科全书》，邓正来（中译本主编），中国政法大学出版社，1992年，第45页。

现在这些人身上。代表性的有立法者、执法者等；可以说，各行各业的立法者或者叫精英人才都被赋予了权威，他们拥有权威，可以行使权威，他们处在权威的地位上，或者至少在某些事务上具有权威性。更多时候，特别是在政治生活领域，这些权威人群往往声称他们所拥有和实际占有的权威已经得到了国家法律的确认，是人民、神或者契约授予的，因此是不容蔑视、否定和挑战的。

在政治学领域，权威的概念是有其自身的基本结构的，一个政治权威的系统得以存在是以服从于权威的管辖为前提的，民众不再对法律的合乎需要性加以评判，并且仅仅因为它是权威就服从，这是权威得以存在的基础。美国学者约瑟夫·拉兹说，政府的一项有权威性的行动就是行动的"唯一理由"。在那些采取权威性表达方式进行统治的地方，就有可能在对法律所要求的特别依据上不必达成基本一致的情况下实施统治。此外，一种权威性的安排只有在下述情况下才得以存在，即存在某些公开的和被人们所接受的有关真实性或"识别规则"的标准，可以用来确定哪些人应当身居权威地位，但是人们普遍认为，由身居要职者依据既有宪法程序而做出的决定，并不足以为某种行为提供充分的理由，除非这位要员在他所作出决定的事务上也是一位权威，或者是他所做的决定能使人信服地反映了共同体的共有价值观。因此，知识性权威就成了政治权威的典型模式，而且作家们总是通过求助于"专家权威"或"认识的权威"作为范例来对政治权威进行独特的描述。这样他们就使自己接纳了这样一种观点，即政治权威必须以较之他人更多的知识、洞察力或经验为基础，或者说政治权威只局限于关于应当如何组织社会的真理方面。这种方法使许多著作家在论及权威问题时，把关于权威的正规——合法概念贬低为"变了形的"概念，正如伽达默尔在抨击斯宾莎和

"法国启蒙运动"人物时所指出的那样，他认为他们没有真正理解"由于流传和低俗习惯而堆起为神圣的东西具有一种无名称的权威，而且我们有限的历史存在是这样被规定的，即侵袭的权威总是具有超过我们活动和行动的力量"①。在这场争论的背后我们也可以看到同样的假设，这就是，权威的概念肯定已经退出了现代世界，因为任何真正的政治权威系统所可能要求的认识论优先假定早已被现代怀疑论所推翻。

尽管权威的概念具有某些既定的基本要素，但是并不能保持长久不变，总是因其在关于人类命运和人类本性等客观的问题的理论或意识形态中所居地位的不同而发生变化。在各种不同学说的压力下，权威概念的界限毕竟已经变得更富弹性了。本书中所使用的权威概念参考了《布莱克维尔政治学百科全书》中的界定，并结合了马克思恩格斯关于权威的论述，认为权威是使人主动信服或被动服从的力量或威望，但从词义的角度来理解权威并不充分，应该从特定学科的角度来界定。从政治学角度而言，权威往往是与权力联系在一起，是把别人的意志强加于人并要求其服从。权威是对别人意志的服从，这种服从包括两个方面：一是对别人的意志等在价值观上是认同的，所以在行动中自愿服从他人的意志；二是即使对别人的意志是不认同的，在行动中还是采取了服从的行为，这也说明权威发生了作用②。

（二）权威主义

在政治学领域，权威主义是在 20 世纪 30 年代，由西方学者沃格林（Eric

---

① ［德］伽达默尔：《真理与方法——哲学诠释学的基本特征》，洪汉鼎译，商务印书馆，2007 年，第 381 页。

② 洪向华：《政党权威——一个关系政党生死存亡的重要问题》，中国时代经济出版社，2006 年，第 57 页。

Voegelin)最先提出的。此后,不少中外学者对此做了研究。以阿多诺为代表的法兰克福学派认为的权威主义人格对权威主义的政治有决定性的作用。权威主义人格主要表现在因袭中产阶级价值观念、服从权威等方面。亨廷顿把权威主义政体界定为"包括一党制、极权主义制度、个人专制和军人政体等"在内的"各种非民主的政体",他的描述是"几乎没有政治争论和竞争,但政府对社会中其他群众经济的控制是有限的"。①这是对权威主义最宽泛的解释。J.林茨则从狭义上诠释权威主义,认为权威主义政体是这样一种政治制度:它权力优先、不负责任,政治上为多元化;没有特定的占统治地位的意识形态(但有他们特定的思想),没有强大和广泛的政治动员(在其发展中会有某些例外);其领导人(偶尔是个小集团)行使的权力在形式上是不规范的,但完全在可预见的范围内。②罗斯金在《政治科学》中提道,权威主义是一个政府系统,在其中权力由一个小团体行使,很少有大众加入。这个团体可能是一个家庭,在这种情况下,权威政权是一个专断的君主政体。它可能是一个社会阶层,就像在君主制里由国王或女王在贵族的帮助下来行使,或者在技术专家治国体制里权力掌握在高级官僚手里。这个团体也可能是个强大的政党,它主要关心在国家需要的某个时刻铸造国内团结。这种单一政党体制是亚非发展中国家的典型政体。然而它一般是指军队在军事政变后所带来的权威统治。③

《布莱克维尔政治学百科全书》指出,权威主义是一种统治形式,或者拥护这种形式的哲学。在这样的统治形式之下,统治者把他们的价值观强加给

---

① 陈峰君:《威权主义概念与我国》,《东南亚研究》,2000 年第 4 期。

② 陈峰君:《威权主义概念与我国》,《东南亚研究》,2000 年第 4 期。

③ [美]迈克尔·罗斯金等:《政治科学(第 6 版)》,林震等译,华夏出版社,2001 年,第 76 页。

社会，全然不顾其他成员的意愿。一个国家同一个家庭一样，也可以以独裁的方式来管理。这个术语意味着一系列为数众多的政府体制：它包括专制政治、暴政、法西斯主义、纳粹以及极权主义。法西斯主义以及军事独裁政权都是独裁主义统治的典例。其三个主要特征是：公民讨论和投票的决策方法几乎或全部由当权者决策的方式来取代；这些过于集中的权力运用缺少宪法上的制约；统治者所宣称的那种权威通常不必也不是来自被统治者的认可，而是出自他们特有的某种特性。这种特性可能是神圣的：法国的道德学家约瑟夫·德迈斯特尔断言，基督教权威是所有政府的源泉和依据；这种特性也可能是制度上的，例如德国哲学家黑格尔认为，国家本身就是"地球上的神物"；或者说这种特性是个人的：像墨索里尼、希特勒这样的领袖人物声称（他们的许多臣民也表示赞同），他们本人具有非凡的品格和素质，因此唯有他们才有资格进行统治。今天，人们有时赋予权威主义这个术语更为特定的含义以将其同极权主义区分开来。前者的统治缺乏公众的参与和宪法制约，要求人们服从统治者颁布的命令，但他们只在有限的领域内行使自己的权力；而后者则企图控制社会生活的各个方面，并策动全体国民积极地支持其政策。①

随着研究的逐步深入，关于权威主义的研究分为了三个相互影响的分支。其一是权威主义的韧性或持续性，这是学者们关注的核心问题，即权威主义政体的结果。作为因变量，该问题是其他议题的最终指向。其二是权威主义的起源。其三是权威主义的运作：制度和组织。这两个分支作为自变量，是影响权威主义结果的原因。这三个分支议题的关系为：权威主义的起源（包括初始的社会经济条件、社会结构、派别冲突等）会影响权威主义建立的

---

① ［英］戴维·米勒等编：《布莱克维尔政治学百科全书》，中国问题研究所等译，中国政法大学出版社，1992年，第44页。

制度、组织甚至最终的结果,而权威主义政府采用的制度、组织和控制的方式会影响其韧性。[①]美国政治学界的主流观点是,所有国家的政府分成两组,即民主政府和非民主政府。其中,非民主政府包括权威主义、极权主义和绝对极权主义。之所以提出这样的划分,主要是为了防止人们把权威主义与极权主义相混淆,同时也为了把它与民主和专制区别开来。[②]整体而言,权威主义所呈现的是一种中间性,也就是说,权威主义介于专制和自由之间,它既是有限的专制,也是有限的自由。权威主义的专制主要表现在政治方面,而自由主要体现在经济方面。权威主义强调权力的作用,但它又不像极权主义一样是完全依靠权力的。权威主义缺乏对权力行事方式的具体和有效制约,但可以明显感觉到权力作用的边界作用。谈到权威主义,也必然要涉及它的对立面,那就是无政府主义思潮,这种无政府主义的政治思潮的典型代表人物是普鲁东和巴枯宁。以他们为代表的无政府主义者坚决反对任何的权力和权威,主张绝对的自由和平等,他们甚至还反对"国家"这一形式的存在。

实行权威主义的国家是有一些共同特征的,比如说实行一党制或者没有政党的存在;政党决定或个人决定领导权;实行等额选举;对个人自由不稳定的宽容;宪法对政府很少或没有限制;军队直接影响政府;政府决定经济体制和经济结构以及政府控制新闻等。在以上这些特征中,政党制度是判断一个国家是否为权威主义国家的最主要标准,因为"政党的产生是现代政府的显著标志之一"[③]。现代政治国家大都是政党政治,只要有政党,就一定

---

① 陈峰君:《比较政治学在东南亚权威主义研究中的新进展:议题、方法与趋势》,《东南亚研究》,2020年第1期。

② 俞新天:《华人社会里的西方社会科学——误解的3个根源》,《香港社会科学学报》,1997年第10期。

③ E. E. Schattschneider, *Party Government*, New York:Holt, Rinehart & Winsron, 1942, p.1.

会有政党制度,如一党制、两党制、多党制等。因此,在当代世界,权威主义国家的权力行使者不再受制于国王或女王的控制,也不会再由一个家庭来行使权力,取而代之的是政党,是法律和事实上都存在的一个或多个政党。可以认为,凡是权威主义国家实行的都是一党制,而实行其他政党制度的国家则不是权威主义国家。需要指出的是,实行一党制的国家不一定都是权威主义国家,它可能是极权主义国家,甚至可能是绝对极权主义国家。权威主义和极权主义之间有明显的不同,前者可以改革,但极权主义政权一旦实行,该体制就无法对自己进行变革。①

以亨廷顿为代表的学者认为一党制是权威主义国家的主要特征,亨廷顿(包括部分中国学者)还将新加坡实行的政党制度判定为一党制,由此论断新加坡属于权威主义国家。实际上,他是将一党独大制度与一党制混为一谈了,在新加坡不仅仅是有人民行动党这一个政党,除了人民行动党之外还合法存在的 23 个其他政党,它们都有参加竞选的权利和机会。而在一党制的国家除了执政党之外没有任何政党能够执政。由此,把一党独大制与一党制混为一谈,并得出新加坡是权威主义国家的结论是有待商榷的。新加坡的一党独大制不同于那些权威主义国家的一党制,那么新加坡的一党独大制属于哪种国家类型呢? 毫无疑问,应该属于民主国家,只不过新加坡的民主是有限的民主,在政治实践的过程中奉行的是精英主义的理念。

---

① Jeane J. Kirk Patrick, *Dictatorships and Double standard:rationlism and reason in politics*, NewYork:Simon & Sehuster,1982.

二、精英民主

早期的精英主义者以莫斯卡、帕累托、拉斯韦尔为代表,完全否定人民的统治,使精英主义与民主对立起来,引起了诸多非议。二战后,精英主义理论发生转变,以韦伯、熊彼特为代表的思想家把精英论和民主论结合了起来,形成精英民主理论。要对精英民主理论有清楚的认识,就必须对民主、精英以及精英主义这三个基本概念进行明确阐述。

(一)民主

学术界在讲民主概念的时候,一般都会追溯到古希腊时期的 democracy 一词,该词的意思是 rule by the demos,就是人民统治。其中,demos 最初指的是穷人和多数人,后来在政治学的研究中指人民。然而安德鲁·海伍德认为,"人民统治"的简单说法并不能给我们很多东西。[①]他在其代表性著作《政治学》中对民主进行了界定,认为"民主"这一词语难于界定的原因在于它过于受欢迎,以至于无法成为一个有意义的政治概念。谈及民主,几乎所有人都连连道好、齐声称颂,于是乎,民主也差不多只是被当成了一个"叫好之词"(huuuah! word)来使用,只不过它暗示了民主背后所支持的一定思想和统治制度。安德鲁·海伍德还列举了几种关于民主的常见含义,主要包括:民主是由穷人和弱势者统治的制度,人民指的是穷人;民主是人民直接且不间断地进行自我统治的政府形式,不需要职业政治人物和公职人员,这里讲的是直

---

① [英]安德鲁·海伍德:《政治学》,张立鹏译,中国人民大学出版社,2006年,第84页。

接民主；民主是以机会平等和个人功绩为基础的社会，而不是以非等级和特权作为社会存在的基础；民主的目标是缩小社会不平等，并对社会财富和福利进行再分配；民主以多数统治原则为基础，而不是少数人统治的制度；民主要制约多数人的权力，并且还要保证少数人的权利和利益的制度；民主是通过竞选形式获得选票进而来确定公职人选的方法手段；民主是一种为人民利益服务的政府体制，是否民主和人民在政治生活中是否参与、怎样参与不相关，等等。

戴维·赫尔德在其著作《民主的模式》一书第二部分"20 世纪的理论变异"中探讨了最近引起激烈争论的五种民主模式：竞争性精英民主、多元主义民主、合法型民主、参与型民主和协商民主。①他认为，竞争性精英民主的论证原则是：选择熟练的、具有想象力的、能够进行必要的立法和行政决策的政治精英的方法，为防止政治领袖的过分行为而设置的障碍。竞争性精英民主的主要特征有：具有强有力的行政能力的议会制政府；对立的政治精英和政党精英之间的竞争；政党政治支配的议会统治；政治领袖为中心；官僚制：一个独立的、经过良好训练的行政系统；对于"政治决策的有效范围"的宪法的和实际的限制。精英民主政治产生的基本条件是：工业社会；政治和社会冲突的非统一模式；信息不灵或感情用事的选民；容忍不同意见的政治文化；经过技术训练的熟练的专家和管理者阶层的形成；国家之间争夺国际体系中权力和优势地位的竞争。②赫尔德明确指出精英主义民主是政治学中民主理论的一支。

精英主义民主是一种有限民主，迈克尔·罗斯金在其《政治科学》中指

---

① ［英］戴维·赫尔德：《民主的模式》（最新修订版），燕继荣译，中央编译出版社，1998 年，第 4 页。

② ［英］戴维·赫尔德：《民主的模式》（最新修订版），燕继荣译，中央编译出版社，1998 年，第 183 页。

出,实行有限民主制的政府属于民主政府,如表 2-1。①

表 2-1　民主政府与非民主政府的区别

民主政府			非民主政府		
绝对民主主义	民主制	有限民主制	权威主义	极权主义	绝对极权主义

通过上表可以看出,权威主义和有限民主处于非民主与民主的边际地带,所谓有限民主就是指对民主进行一定程度的限制,特别是法律上的限制。哈耶克认为民主并不意味着无限民主,这会导致恶的产生,只有受到法律制约的民主才能保障人民的权利,为人民带来自由和幸福,而笔者所论述的新加坡属于有限民主,是精英民主国家,自然也就属于民主国家的范畴。

刘永佶在其著作《民主的权威》中阐述了民主的依据、主体、内容、性质、形式、主要矛盾和机制。②他分别作了以下论述,认为民主的依据是人本质的发展和人性的升华,侧重于人本身的角度;民主的主体是所有自由联合的劳动者;民主的内容体现在公民的利益、价值、人格、自由的最大化实现;民主的性质是人民掌握着公共权利,并能对权力应如何运用进行决定和监督;民主从形式上来讲在于民主权派生和集合公共权利体系,还可以对权力的运用进行制约;民主的主要矛盾表现为公民个人权利和公共权利行使机构之间的矛盾;民主的机制是法制与社会舆论。

本书中所引用的民主概念,指的是平等、自由、主权在民等民主理念的实现方式和过程。从应然的角度来讲,民主指的是人民的统治。从形式的角度来讲,民主是一种选择领导人的方式和过程。就民主的实质而言,民主是反映多数人的意愿并尽可能防止和纠正错误的制度安排。民主的逻辑前提

---

① ［美］迈克尔·罗斯金等:《政治科学(第 6 版)》,林震等译,华夏出版社,2001 年,第 67 页。

② 刘永佶:《民主的权威》,中国经济出版社,2005 年,第 111 页。

有三个,即权力是必要的"恶";冲突与合作是人类行为的基本模式;人的理性是有限的。民主政治的内涵主要包括:第一,定期选举领导人。因为当代任何形式的民主政治都是代议制,也就意味着民众无法直接领导和掌握政权,只能选择民众中的少数精英分子代行权利。第二,政治主体的专门化、自由化及其相互关系的制约化。各政治主体之间,无论是横向上的立法、行政、司法,还是纵向上的不同层级之间的政治机构都是相对自主独立的专门机构,而且这些机构之间不是单向的受控制或受支配的关系,而是相互制约的互动关系。第三,不同意见的合法化。民主是共同体成员以普遍认同的程序和规则为依托,和平地解决利益冲突,使得各利益主体追求利益的积极行为得以持续进行的制度安排和实际行为过程。因此,按特定程序,自由发表不同意见是民主的根本。同时,不同意见的合法化,是自由、平等的选举和各个政治机构之间的纵向的和横向的制约关系得以实际运行的根本保障。民主政治的外延包括:第一,民主是一个制度体系,通过代议制度、政府制度、政党制度、司法制度、舆论制度等一系列制度构成的一个制度群。第二,民主是一系列的程序和规则。在实践层面,民主是一系列的行为过程,包括选举行为过程、决策行为过程、参与行为过程等,这些过程的实际运行都需要具体而详尽的程序和规则来规范每一个具体环节,进而推进政治制度的现实化。否则,离开了这一系列的规则和程序,政治制度将是一纸空文。第三,民主是一系列的原则体系。如讨论原则、妥协原则、多数原则等。此外,民主还需要宽容的心态和遵守规则的习惯,这是民主政治得以运行的社会基础。①

----

① 此处关于民主概念的论述参考了中央党校赵虎吉的观点,详见赵虎吉主编:《政治学基本问题》,中共中央党校出版社,2012年,第331~333页。

（二）精英

谈罢民主，再来看看"精英"的概念。"精英"一词，最初在 17 世纪是用以形容质量精美的商品，后来才用以表示地位优越的社会集团，如精锐部队和上层贵族等。根据《牛津字典》，"精英"一词在英语中第一次出现是在 1823 年，当时该词已被用来表示社会集团。一般认为，帕累托第一次明确论述精英问题，他是根据社会生活中的实际情况来对精英问题进行考察的，而不是停留在合理完善的行为模式的理论层面。帕累托认为，判断精英的标准有两个，即高度和素质。他所说的高度是指某种可以客观判断的成功标志，比如职位、得分、盈利等，而所谓素质是指个人的才智、才干或内在涵养。帕累托进一步指出："这些阶层（按势力和政治及社会权力而划分出的一类人，或所谓的上流阶级）构成一个精英集团，一个 aristocracy（即贵族阶层）。只要社会平衡是稳定的，这些阶层的多数成员便会具有某些突出的素质，无论这些素质是好是坏，都是权力的保证。"[1]

哈罗德·拉斯韦尔继帕累托之后对精英问题展开了研究，他对精英一词进行了重大的修正，排除了帕累托论述的精英概念中的素质成分，把高度作为衡量是否精英的唯一标准。他指出，"精英是用于分类的、描述的概念。它指的是某一社会中占据高级职位的人。有多少种价值就有多少种精英。除了权力（政治精英）外，还有财富、名望和知识等方面的精英"[2]；"权势人物是在可以取得的价值中获取最多的那些人们。可望获取的价值可以分为尊重、收

---

① ［美］乔·萨托利：《民主新论》，冯克利、阎克文译，东方出版社，1993 年，第 149 页。
② ［意］维尔弗雷多·帕累托：《精英的兴衰》，刘北成译，台湾桂冠图书公司，1993 年，第 149 页。

入、安全等类。取得价值最多的人是精英,其余的人是群众"①。于是,精英一词成为一个分析性概念,一个中性词,而不再含有价值的意蕴。这一修正的长处是使辨析判别精英的标准走向了经验化和客观化,有利于经验层面的观察,且能够采用科学的方法进行研究。这样一来,精英概念便成为社会科学中的一个普遍范畴。然而这也导致了另一个重大缺陷,即由于抛弃了素质标准,将占据高位的人等同于精英,就容易忽视一个重要的问题,即有可能存在"精英赝品",进而又排除了这样一个追问"如何使真正的精英占据高的职位"。正如萨托利所指出的,"如果纯粹根据权力和高度来定义精英和具体的政治精英……就会阻止我们看清楚精英的素质(和标准)与权势地位(被不恰当地等同于精英地位)之间的差别。结果精英研究输掉了最关键的牌局——不仅是权势人物存在的问题,也不只是权力精英是一群还是数群的问题,而是权势人物是真正的精英还是赝品的问题"②。

但是以上分歧和争论的存在并没有妨碍学界一如既往地频繁且广泛地使用"精英"一词,因为这一术语所揭示的社会和政治现象终究是直接的现实存在。同时,这一术语所包含的排他性内涵也是清楚的:精英是不同于大众的少数人。

本书中所论述的精英指的是精英的一般概念,也就是受过良好教育,具有某些专门知识或专业特长,个人素质较好,能力较强,可以在政府或其他专业领域发挥重要作用的技术专家或行政官僚。③在实际生活当中,特别是政治生活中,绝大部分的决定都是由少数精英人物做出的,任何国家都概莫

---

① [美]哈罗德·拉斯韦尔:《政治学:谁得到什么? 何时和如何得到?》,杨昌裕译,商务印书馆,2008 年,第 3 页。

② [美]乔·萨托利:《民主新论》,冯克利、阎克文译,东方出版社,1993 年,第 180 页。

③ 此处的精英概念参考了李光耀对精英一词的说法。

能外。1964年,罗伯特·达尔(Robert Dahl)在美国政治学会上就曾说过:"主要的政治、经济和社会的决定都是由极少数人做出的,在大型政治系统中要想以其他方式来取代它是困难的,也是不可能的。""广义上讲,精英是指这样一个小群体,他们在决定或反对'谁得到什么,何时和如何得到'这个意义上进行直接统治。"①现代精英理论认为每个人的天赋是不同的,一个社会只是把那些最有能力的人称作精英,但最有能力未必就是行为最廉洁、道德最高尚的,这正是精英理论的一大缺陷。②随着现代社会转型的深入和社会阶层分化的加剧,关于精英理论的论述也渐趋复杂,如果能将精英理论和现代政治中的政党制度、政治意志以及民主化进程相结合,精英和民主是可以协调起来的。

(三)从早期精英主义到精英民主论

意大利的莫斯卡、帕累托和德国的米歇尔斯是早期精英主义政治理论的主要代表,他们都对传统的民主理论提出了批评,认为大多数人的统治的民主只是一种虚构出来的神话,一切政治统治都是少数人对多数人的统治,民主政治也不例外。莫斯卡认为,任何社会都存在统治阶级和被统治阶级,掌握政治权力的统治阶级只能是社会中的少数人,而绝大多数人属于被统治阶级,民主政治下仍然是少数人对多数人的统治关系。帕累托将社会阶级划分为精英阶级和大众阶级,精英阶级由出类拔萃能力超群的社会集团中的精英组成,它分为统治精英和非统治精英,统治精英是社会的统治阶级,民主制国家也是由少数精英统治的,不存在人民的统治。米歇尔斯则在分析

① [美]迈克尔·罗斯金等:《政治科学(第6版)》,林震等译,华夏出版社,2001年,第83页、第84页。
② 赵大生:《新加坡精英治国论的实践》,《东南亚纵横》,2002年第5期。

现代民主制的政党政治中,提出了著名的"寡头政治铁律论"。他认为现代民主制是靠政党政治来运行的,而政党实际上是由少数领袖人物来领导的,归根到底仍然是少数人统治的寡头政治,而不可能是人民的统治。莫斯卡、帕累托和米歇尔斯的精英主义理论,完全否定了人民的统治,从精英主义走向对民主的完全否定,而这一时期另一著名思想家马克斯·韦伯却力图把精英论和民主论结合起来,成为精英民主理论的早期代表。

20世纪,特别是在第二次世界大战以后西方民主理论的演变中,以韦伯、熊彼特、拉斯韦尔和波普等人为代表的精英民主理论是一个重要转折,成为当代西方民主理论中的一大流派。如上所述,精英一词源于法文"Elite",原意指特别优良的商品或选出来的少数东西。后来这个词的运用有了扩展,指杰出的人物和高贵者,成为与群众相对立的一个概念。精英民主就是指社会由少数最有能力的精英进行统治,民主在这里仅表现在竞选上,人民通过投票除去最无能者,选出大众最信赖、最有能力的政治精英来实行统治。[1]

在西方民主理论发展史上,精英民主论占有一席之地。精英民主论在民主价值观方面表现出否定古典民主理论的人民主权价值,强调并论证民主在维持精英统治方面的程序价值的倾向。概括而言,对精英民主政治价值观的研究比较有代表性的是韦伯的合法性民主价值观、熊彼特的领导权竞争民主价值观和达尔的多元民主价值观。其中,熊彼特、达尔、萨托利对精英民主概念有着共同的看法:第一,民主不是由人民直接统治,而只能是政治家的统治。第二,民主是政治精英之间竞取权力的过程。第三,精英是向大众开放的,人人都有机会成为政治精英,精英要保持向下流动和向上流动的渠道

---

[1] 应克复等:《西方民主史》(第三版),中国社会科学出版社,2012年,第435页。

畅通。

熊彼特是 20 世纪精英民主论的最主要的代表之一。他认为民主意味着一种政治方法,即实现政治决策的一种制度安排,其方式是某些特定的个人由于成功地获得了人民的选票而决定一切事务的权力。民主生活是以政党面貌出现的相互竞争的领袖为了获得统治的委托权而进行的斗争。民主并不是平等的承诺所标榜的生活方式,也不是通过广泛参与实现人的发展的最佳条件,民主制度下公民的选票,就是相当程度上直接定期选择并授权给代表他们行事的政府的权利。民主可以服务于各种目的,比如追求社会正义,但是熊彼特认为,重要的是不能把这些目的与民主本身混为一谈。采取什么样的政治决策与采取决策的合适形式是彼此独立的两个问题:决策和决策者的实际合法性的条件是由定期选举竞争性政治精英创造的。熊彼特提出了著名的精英主义论的经典定义:"民主方法是为达到政治决定的一种制度上的安排,在这种安排中,某些人通过竞取人民选票而得到作出决定的权力。"[①]在他看来,民主不是人民的统治,而是政治家的统治,是政治精英的统治;民主政治中的精英是通过竞争的合法途径,通过取得人民的选票来获得政治权力的,民主仅仅意味着把政府的权力交给那些获得最多选票的政治精英。在政治活动中,人民并不是统治者,只不过是有机会通过选票来接受或拒绝某些政治家的统治,民主的意义就在于此。同时,熊彼特还指出,既要保证民主方法良好运行,又保证政府高效化,还应具备 5 个条件:①政治家的能力和才干很高;②敌对竞争的政治组织(政党)的存在;③存在一个受过良好训练、独立的官僚队伍,形成了辅佐政治家的行政官僚;④存在"民主的

---

① [美]约瑟夫·熊彼特:《资本主义、社会主义和民主主义》,绛枫译,商务印书馆,1979 年,第337 页。

自我控制";⑤能容忍不同的观点。

精英民主理论也有着自身的缺陷,最典型的是想当然地认为人民大众是无能的、非理性的,在政治领域,人民除了能够选择德才兼备的统治者之外别无他处。同时将政治精英抬到至高地位,认为这些精英是集知识、智慧、能力和品德于一身的杰出人物,并且完全有能力做出体现人民利益的正确决策,进而依此否定大众的政治参与能力。这方面可以通过鼓励公民多样化的参与和监督得到弥补,在此不作详述。

第二节 权威主义政治的特征及案例分析

权威主义是一个政府系统,在其中,权力由一个小团体行使,很少有大众输入。这个团体可能是一个家庭,在这种情况下,权威政权是一个专断的君主政体。它可能是一个社会阶层,就像君主制里由国王或女王在贵族的帮助下进行统治,或者在技术专家治国体制里权力掌握在高级官僚手里。这个团体也可能是个强大的政党,它主要关心在国家需要的某个时候铸造国内团结,它一般是指军队在军事政变后所带来的权威统治。权威政府并不试图控制人类活动的每个方面。许多社会的、经济的、宗教的、文化的和家族的事务都取决于个人。如权威主义很少兜售坚定的意识形态。这并不是说权威主义政权提倡个人自由。权威主义把社会看作是一个等级组织,一个在单一统治者或单一统治集团领导下的特殊的支配链。支配、服从和秩序高于自由、同意和参与的价值。因此公民被要求毫无异议地遵守法律和缴纳税收。虽然权威主义国家里也可能存在民主的因素,但它几乎没有实际的作用。

一、权威主义政治的产生

政治是社会复杂生活的产物，政治制度与政治文化必定产生于独特的社会环境中。权威主义政治是专制政治的一种，有其独特的生存环境。学术界认为权威主义一般产生于 20 世纪中期之后的亚非拉国家，尤其表现在 20 世纪六七十年代的韩国。这些国家在取得民族国家的独立后，一般由在民族解放战争过程中的领导人取得强势的领导地位，带领国家的经济建设和社会建设，但在政治民主方面，往往裹足不前。权威主义政治之所以产生于这些国家有以下三方面的原因：

第一，在政治方面，民族革命的成功需要强有力的领导力量；在民族革命成功后，仍然保留了革命过程中的政治领导方式。民族革命的对象是帝国主义与殖民主义，而殖民地的力量往往比较弱小。殖民地国家只有团结全国的所有政治力量，充分利用国家的各种资源，在国际社会的帮助之下，才有可能实现民族革命的胜利。在民族革命过程中，国家需要力量强大并且具有凝聚力的政治领导力量，或者是具有独特魅力的政治领导人，或者是政党。在民族国家赢得民族独立之后，这些革命领导人或因人格魅力，或因革命功绩，或因外部支持，自然而然地成为国家的政治领导人。但革命过程中的领导方式没有转换为现代政治的执政理念，仍然保留革命过程中的集权政治特征，比如上下级绝对服从关系，缺乏权力监督与制约观念等。在革命成功后，以上种种极为容易形成权威主义政治制度。

第二，在政治文化方面，政治启蒙力量不足，传统专制文化作祟。二战后独立的民族国家往往是外源型现代化国家，在其传统政治文化中难以产生现代政治的民主、权力的监督与制衡等价值理念。亚非拉国家普遍是政治专制社会，比如儒家文化圈中多是皇权专制社会，这些国家现代化进程是在殖民主义国家的殖民过程中开启的。民族革命之前往往没有现代政治启蒙过程，或者启蒙过程被民族革命暂时打断，现代政治文化的传播受到民族革命过程的制约。民族独立之后，传统政治文化中那些专制政治的适应因素、不适应现代政治发展的因素，因为没有受到系统的整理与批判而得以留存，并在实际的政治生活中仍然发挥作用，传统政治文化对于政治领导人的领导方式与执政理念，对于底层民众的政治评价与政治情感仍然有不可小觑的影响。

第三，在经济建设方面，政权与民众普遍要求发展国家经济。亚非拉国家之所以受到殖民，最重要的原因在于国家力量的弱小。民族国家独立之后，鉴于历史教训，发展国家经济、增强国家综合实力成为统治精英与底层民众的共识，也为统治者推行政治意识形态教育、形成国内的稳定局面创造了有利条件。这一基于现实功利的目的，对于政治精英而言，没有威胁其政治统治的市场经济可以利用；对于底层民众而言，市场经济同样可以发展生产，丰富市民生活。因而市场经济在一定程度上得到统治者的允准，对于市场的管控也不会像政治一样严格，但是政治精英仍然依靠政治权力攫取了大量经济利益，甚至成为某一经济领域的垄断者。

权威主义政治在二战后的亚非拉国家形成与当时的社会历史条件是分不开的，是当时政治、经济与文化背景的产物。同时，随着市场经济发展充分，市民文化的启蒙与现代政治民主化浪潮的发展，权威主义政治必将向现代民主政治制度发展。

二、权威主义政治的特征

权威主义政治虽然不同于极权主义政治,但二者具有明显的相同点,与民主政治形成迥异的风格。权威主义政治的特征可以从军事力量、政治精英、经济、政治文化、新闻媒介等方面分析。概括如下:

第一,军事力量在权威主义国家政治生活中发挥着巨大的作用。权威主义政治下军方力量在国家政治生活中作用强大。一方面,权威主义下的政府需要得到军方的支持,甚至军方领导人直接兼任国家领导人。如菲律宾总统即使是民选出来, 也必须适当处理其和军方的关系。费迪南德·马科斯(Ferdinand Marcos)总统有军方背景,埃斯特拉达总统的下台和稍后阿罗约总统的上台也和军方的支持与否有莫大的关系。另一方面,军方对国家政治生活管控,甚至还会发动军事政变。"在激进的执政官式社会中,军人拥有较强的建立秩序的能力"[①],军方对于国家政治、经济生活实施直接干预,严格控制国家资源的自由流通,通过垄断国家矿产等资源赚取不当财产。当国家政治领导人的作为与军方发生利益冲突或政治观点不一致时, 军方甚至直接干预国家政治生活。如印度尼西亚第二任总统苏哈托(Suharto)和菲律宾总统费迪南德·马科斯便是由军人身份通过发动军事政变转换而来。

第二,权威主义政治下的政治精英流动性较弱,代际承继明显。现代政治国家的领导人通过民主选举等手段,可以实现代际的更替和职业的转换,但是权威主义政治仍然是政治领导人的家族亲信垄断国家政治资源, 难以

[①]　赵虎吉:《揭开韩国神秘的面纱——现代化与权威主义:韩国现代化政治研究》,民族出版社,2003 年,第 101 页。

实现国家政治精英的流动,社会结构转换途径较少。政治精英之间相互合作与庇护,实现职业代际承继与资源的承继,如菲律宾的阿基诺政治世家与印尼的苏哈托家族长期控制国家政治生活。普通民众得以实质性参与国家政治生活并发挥影响力的机会比较少。

第三,权威主义政治下的经济与政治状况密切相关。政治精英对国家资源的垄断产生的经济结果主要表现在两个方面。其一,政府有能力组织国家的现代化建设。二战后,韩国、新加坡及马来西亚等国家的经济快速发展与国家机器的动员能力是分不开的。政府可以排除干扰,制定适合本地区发展的经济政策,利用自身的优势发展重点产业,实现工业现代化的快速发展。其二,国家政治垄断造成严重的经济腐败现象和贫富差距的分化。在权威主义政治体制下,政府主导国家经济发展,但政治制度安排缺乏对于政治精英的有效监督,政治精英依靠政治权力攫取大量经济资源并实现增值,他们通过控制国家的垄断产业或进出口贸易实现个人的发家致富,给国家带来巨大的损失。底层民众与政治精英之间存有巨大的鸿沟,贫富分化现象严重。

第四,权威主义政治下的政治文化特征表现在魅力型政治领导人物的出现及公民文化发展不充分。"国家发展和社会变迁的过程实际上归根结底是人的现代化过程。"①权威主义政治体制下往往不存在成熟的公民文化,无论是政治精英还是底层民众对于现代政治缺乏必要的认知。政治精英依靠非凡的人格魅力实现对于国家的领导,而不是依靠法治与民主;权威主义政治中的官僚机器往往比较高效率,但是其行政目标指向领导人的个人意志,而不是公平正义等价值规范,行政方式往往缺乏基本的人本价值关怀;权威

---

① 孙哲:《权威政治》,复旦大学出版社,2004 年,第 338 页。

主义政治文化缺乏必要的宽容精神，对于政治对手往往采取极端行为打击报复。底层民众由于受到传统政治观念的约束，平等、民主与自由等价值观念则难以传入，难以形成对于政治体制的客观评价与态度；或者少数受到政治文化启蒙的个人将政治理念付诸现实行动时会受到当局者的打压。

第五，权威主义政治下的新闻媒介受到政权的制约，难以发挥第四种权力对于政权的监督作用。新闻媒体是现代政治生活中的第四种权力，应当引领社会公序良俗并且发挥对国家政权的约束与监督作用，但是权威主义政治下的新闻媒介已成为政权的婢女。首先，新闻媒体往往被政治精英所有或控制。权威主义社会中的新闻媒体大部分是私人所有，但是这一资源往往被控制在政治精英手中。其次，新闻媒体传播的内容受到政治权力的介入。不同于极权主义政治对于新闻媒介的全面掌控，权威主义政治权力往往只对政治方面的报道内容给以新闻审查，对外宣称新闻自由。最后，国家权力对于新闻媒介具有事后审查的权力。权威主义对与统治者意志不一致的新闻媒体往往寻找借口给予取缔或者整改打击。

概括以上几个方面的特征，权威主义政治不同于极权主义的绝对专制，但与现代民主政治也相距甚远。权威主义的政治可以被看作具有现代民主政治的表象，但仍然保留了传统专制政治的内核。我们可以20世纪六七十年代的韩国为例具体分析，窥测权威主义的实质。

三、权威主义案例分析：20世纪六七十年代的韩国政治

韩国从二战结束开始到1987年民主化道路开启，除去1960年8月到1961年5月民主党执政时期，其余时期的政治制度基本都可以视为权威主

义的政治,尤其是1961年5月16日朴正熙发动军事政变后到1987年之间的16年间。十余年间,韩国凭借权威主义的政治体制实现了经济的快速发展,同时权威主义政治弊端最终导致了韩国民主政治的发展。

韩国经济在朴正熙执政期间实现了工业化和经济腾飞。首先,朴正熙执政期间政府制定了符合本国国情的产业政策。韩国本土资源有限,朴正熙执政班底制定了依靠外来投资的产品加工和出口导向的产业政策,建立经济企划院,先后制定国家经济发展的五年计划,利用发达国家产业转移的优势,重点发展造船、电子、机械、钢铁、汽车、石化等技术产业,扶植浦项钢厂等公司的发展,实现"政府指导、政府领导和政府推动的经济增长"。其次,实现了国家工业化的发展。朴正熙执政期间,韩国国内生产总值实现了快速增长,年均经济增长率在8%以上,前三个五年计划分别达到8.3%、10.5%和11%。同时产业结构实现了调整,重工业成为韩国的支柱产业。最后,新村运动促进了农业的发展。韩国的新村运动改善了绝对贫困人口的生存环境,实现了粮食自给,为农业的发展创造了条件。朴正熙是"汉江奇迹"的缔造者,后来的全斗焕与卢泰愚基本继承了朴正熙的执政理念。

20世纪六七十年代的韩国政府是力量较为强大的专制政府。李承晚总统受到学生运动的冲击下台后,第二共和国出现自由化浪潮,张勉内阁没有能力应对。随后,朴正熙发动军事政变,军政府全面接管国家权力,逮捕政治活跃分子,改组"国家再建最高会议";禁止所有政党和社会团体的政治活动,公民组织如救济会、宗教团体和学术组织被要求重新注册;发布《反共法》和"政治净化法",严格限制反对派的政治活动,打击政治对手;撤掉各道执事和大市市长,直接由军队掌控。朴正熙改第二共和国的内阁制为总统制,改两院制为一院制,并取消副总统;增设直属总统的监察院和中央情报部,扩大总统职权,减少总统行使权力的制约因素,其中,中央情报部渗透到社会的各个角落,对政治反对派和社会组织实施严密监控,不惜采用暗杀等暴力手段强力铲除反对力量。1972年新宪法进一步强化总统的政治地位和权力,总统处于三权之外并且没有连任次数的限制。强有力的中央政府是韩国经济发展的政治基础,并使得国内政治秩序实现了正常化。按照亨廷顿的观点,这对于发展中国家实现政治稳定和经济现代化是必要的,但政府的力量过于强大,且没有有效的制约机制,对于公民权利的保障和民主政治的发展并不是有利的政治环境。

韩国在朴正熙时代主要的政党力量是民主共和党。军事政变毕竟不能给朴正熙的执政提供充分的政治合法性。在美国政府的压力下,朴正熙于1962年7月11日成立"宪法审查委员会",修改宪法,并于1963年1月1日宣布恢复政治活动,2月26日成立民主共和党。虽然有政党组织,但此时的民主共和党仍然是现代意义上的参与式政党,而且是朴正熙动员群众力量的组织工具,民主共和党有着鲜明的"民族的民主主义"的意识形态,奉行自上而下的组织管理形式,党内设有"政党协商会",领导"国家重建人民运动团",实际上比其他反对党掌握更多的政治资源,朴正熙得以赢得1963年选举,依靠的就是民主共和党的动员力量。

政治精英在第二共和国与第三共和国之间转换时有较大的结构转型,第二共和国较为依赖文职官员,但第三共和国则依赖于军人,并在朴正熙执政期间发挥了重要作用,政治精英的横向更迭并不是依靠民主选举。第三、四、五共和国军人出身的内阁长官占到内阁长官总数的42.4%、31.7%和

24.5%，①政治精英的纵向流动有限。另外，政治精英借助人脉关系发展势力的倾向明显，一方面，虽然朴正熙个人非常注重廉政，但底层公务人员政治腐败层出不穷；另一方面，朴正熙基于经济发展的现实考量，对于政治腐败、政治献金的处理也并不得力。

在政治文化方面，韩国长期受到儒家政治文化的影响，因袭敬天保民、文人治国等治国传统，国家长期实行中央集权的专制制度，普通民众对于政治生活并不热心。加上权威主义政治需要民众一定程度的政治冷漠。即使1962年6月27日，朴正熙设立"重建国民运动本部"这一机构，全国开展了生活节约化、家族计划、扫除文盲等社会运动，但全国性的政治文化的启蒙运动并没有展开，现代公民文化发展动力不足。即便受教育程度较高的学生基于社会正义感发动的反对暴政专制活动，也常显露出非理性、暴力化的倾向。朴正熙注重利用专家教授在国家中的作用，直接目的是利用智力资源从事经济建设，而非从事民主政治的教育。新闻媒介监督方面，第三共和国逐渐放开言论、结社、出版和集会等方面的自由，但仍然制定了《新闻道德法》等法律予以一定程度的限制，中央情报部以国家安全的名义控制媒体记者的人身自由，压制打击反对派力量。

20世纪六七十年代的韩国被学术界视为典型的权威主义政治。一方面，我们应当看到这种权威政治体制为韩国的现代化开启做出了极大的贡献，韩国在保持政治秩序稳定的同时实现了经济的发展；另一方面，韩国权威政治体制是暂时的存在，在民主政治大潮兴起的大背景下，权威主义政治有必要做出相应的改革。

---

① 尹保云：《民主与本土文化：韩国威权主义时期的政治发展》，人民出版社，2010年，第158页。

四、权威主义政治转向精英民主的必然性

权威主义政治必将随着时代的发展而被淘汰，权威主义终结后去向何处？不同的学者有不同的观点，笔者认为权威主义政治最终应该趋向于民主政治，而且是一种精英民主政治。

权威主义政治面临的各种政治问题决定了权威主义不可能长久存在。首先，权威主义政治过于依赖军事力量的支持。权威主义严格来讲是专制政治的一类，它无法回应对其政治合法性的质疑。经济的发展并不能提供充分的政治合法性。权威主义政治在内外压力之下，必须向民主政治转型。比如，1987 年韩国反对派发起"六月民主抗争"，迫使卢泰愚发表"6·29 宣言"，实现总统直选和民主转型。其次，权威主义政治造成政治腐败。权威主义政治体制中利益交错，却没有公开的处理利益矛盾的机制，政治斗争严重，腐败现象难以根除。再次，权威主义政治造成经济发展不可持续。权威主义政治体制依靠政府的强大动员力量实现经济的快速增长，随着国内政治利益的分化与外在国际经济环境的变化，经济产业难以实现升级换代，发展模式单一，发展的后劲不足。最后，在权威主义政治体制下，社会发展缺乏活力。政治力量对于社会的过度渗透，过度强调社会稳定，社会发展缺乏相应的活力。即使社会组织发展，由于缺乏相应的政治文化熏陶，社会组织也难以为推动民主化转型发挥正面作用，它们在有些时候也起了负面作用。[①]

在极权政治、权威政治与民主政治之间，现代政治肯定是民主政治。权威主义政治向精英民主政治转变具有历史必然性。

---

① 尹保云：《民主与本土文化》，人民出版社，2010 年，第 280 页。

首先,市场经济与民主政治之间存有相关性,市场经济间接推动民主政治的发展。市场经济对于民主政治发展具有决定性的影响。市场本身教会公民自立、多元化、宽容以及不要期望过高,所有这些态度都有助于维持一个民主制。这个政权开始逐步松动,允许批评性新闻、多党的形式和最后的自由选举。墨西哥就是这样转变过来的。市场经济的发展不仅将契约理论与平等、自由选择等价值理念引入政治领域,对于塑造现代公民文化具有重要的作用,而且促进中产阶级的生长和社会结构的转型。中产阶级是天生的民主派,他们和这个体制有利害关系,希望改革而不是推翻它。

其次,权威主义政治是精英民主发展的历史条件。权威主义虽然暂时压制了民主化进程,但是权威政治所奉行的理性主义精神与实用的经济政策都为将来的精英政治提供了有益的帮助,反对派的政治活动同样培养了未来的政治精英。与之相伴的教育水平的提高,多数人都是高中毕业,许多人上过大学,他们不再受到忽视,而且不会盲从煽动家和极权分子的观点。人们逐步认识到自己的利益并希望表达它,他们要考虑商业的、职业的、地方的、宗教的观点等。

再次,国际舆论为精英民主的发展提供了国际环境。国际社会对于威权主义的孤立,使得民主转型的力量得到一定程度的国际响应。当世界范围内市场经济发展到一定程度时,它就会使整个社会向民主方向转变。正如彼得·伯杰(Peter Berger)所说的:"当市场经济经过一段时间获得成功后,要求民主的压力就不可避免地产生了。"①

最后,权威主义政治领导人的改革有可能帮助民主政治转型的实现。权

---

① [美]迈克尔·罗斯金等:《政治科学(第6版)》,林震等译,华夏出版社,2001年,第78页。

威主义政治领导人大部分对于国家民族有较强的认同感，视增强国家经济实力改善人民生活水平为政治任务；当他们认为国家有转型的需求且民主倾向不可逆转时，他们会顺从民意，推动民主政治的发展。比如，1975年1月2日，韩国总统朴正熙发表谈话，要求全民公决以决定国家的未来政治发展走向。如托克维尔所言，民主政治的发展是历史所趋，权威主义政治因其专制主义的本质必将被历史所弃。

第三节　精英民主及其理论内涵

一、精英民主论的产生背景和理论渊源

随着20世纪资本主义公民社会的发展，旧有的民主理论不能很好地适应和解释社会的发展情况，于是在西方资本主义社会就出现了经典民主理论和西方民主现实之间的矛盾。这一矛盾对于学术界而言是一个两难抉择：一方面，如果选择继续认同和接受经典民主理论，将之作为衡量一个国家民主与否的根本标准，那么他们就不得不承认，西方社会现在已经不存在民主制度了，甚至在将来也永远不再会有民主制度出现，这是西方民主国家的学术界和政界都断然不能接受的；另一方面，如果学术界和政界认定西方显存的制度是民主制度，那么他们就要宣布，他们一直宣扬的经典民主理论是不能作为判断一个国家民主与否的标准的。在这种两难的背景下，以韦伯、熊彼特为代表的学者做出了一种经验与实证取向的选择，为精英民主理论的

产生和发展奠定了基础。他们对经典民主理论提出了全面的责难,并开始寻求一种能解释并适应西方社会发展的新的民主理论。他们认为,既然大多数人能较一致地区分民主国家与极权国家,那么在这两种国家之间肯定存在着某些重大的实质性差别。也就是说,肯定存在着某种与专制制度相区别的民主制度。因此,需要有一种从经验出发,能在实践中区分民主制度与专制制度的民主理论。在这一背景下,精英民主理论应运而生。

如同民主理论一样,精英民主的渊源也可以追溯到古希腊时期,那个时期的哲学家贤人治国理论是精英民主论的最原始形态。古希腊哲学家柏拉图在《理想国》中提出了著名的由"全知全能"的"哲学王"来做国家最高统治者的思想。到了文艺复兴时期,马基雅维利以《君主论》名噪一时,他在这本书中也提出了精英统治的思想,而我们所要论述的精英民主理论就是对19世纪末20世纪初政治精英统治理论的继承和发展,这种精英统治理论构成了精英民主理论的直接来源。主要代表人物有意大利的莫斯卡、帕累托和瑞士的米歇尔斯等。1896年,莫斯卡的代表作《统治阶级》问世,在这本书中,莫斯卡提出在各个社会中"都有一个统治阶级和另一个被统治阶级。第一个阶级人数较少,但是履行所有政治职能,垄断各种权力并享受由此带来的利益。第二个阶级接受第一个阶级的指挥和控制,其方式或多或少是合法的,同时又或多或少是专制而暴烈的"[①]。这里所说的统治阶级指的是一个社会的精英,也就是这个社会各个领域中最杰出的优秀分子。米歇尔斯把政治精英的作用推向了极端,他提出了著名的"寡头统治铁律"[②],并认为,绝大多数

---

① 应克复等:《西方民主史》(第三版),中国社会科学出版社,2012年,第436页。

② 关于"寡头统治铁律"的论述内容参考了米歇尔斯《寡头统治铁律:现代民主制度中的政党社会学》一书的相关内容。[德]罗伯特·米歇尔斯:《寡头统治铁律:现代民主制度中的政党社会学》,任军锋等译,天津人民出版社,2004年,第91页。

群众只是一群无能为力的、无组织的乌合之众,人类的一切党派组织、进而一切政治系统和社会系统,都必须也只能由少数寡头来统治,这是万古不变的"历史铁律"。帕累托在论述精英民主理论时,更加强调精英的流动性,这种流动既包括精英集团内部的流动, 也包括精英与大众之间的流动。他指出:"通过一个持续不断的过程,新的精英产生于社会的较低阶层,升为更高阶层,在这里登峰造极,然后趋向堕落,被消灭或消失"①,与这一精英循环过程相适应的就是"社会状况的缓慢转变和改良"②。熊彼特给民主下了一个经典的定义,这也使他成为精英民主理论的典型代表,他说:"民主方法是这样一种达到政治决定的制度安排, 这种制度安排使人民通过选举将集合起来表达他们的意志的人,自己来决定争论的问题,从而实现公意。"③

综上可知,政治精英论在 20 世纪初经莫斯卡、帕累托等人的努力下,已经形成了一种比较系统的政治理论。这种虽显保守但"现实"的政治分析方法,在二战后被韦伯、熊彼特等人所吸收并加以改造,借以修正这种已显得"过时"的经典民主理论,最终促成了精英民主理论的产生。

二、逻辑起点:精英与大众的二分结构

对于精英与大众关系内涵的研究,论述者颇多。有人强调精英与大众关系中精英治理的必然性, 也有学者从大众与民主之间关系的角度阐述大众的角色和作用,还有学者从精英与大众的流动之中关注二者之间的关系。笔

---

① [美]S. 约瑟夫·E. 芬纳编:《帕累托社会学著作选》,纽约弗里德利·普雷格公司,1996年,第134页。

② [美]S. 约瑟夫·E. 芬纳编:《帕累托社会学著作选》,纽约弗里德利·普雷格公司,1996年,第137页。

③ [美]约瑟夫·熊彼特:《资本主义、社会主义和民主主义》,绛枫译,商务印书馆,1979年,第312页。

者认为,以上几种研究角度和思路都是正确和必需的,而本书是把精英与大众的关系作为精英民主理论的逻辑起点来进行研究的。

政治精英理论的逻辑起点是对统治阶级和被统治阶级的划分,也就是精英大众二分结构。这一理论的首位倡导者莫斯卡在 1896 年发表的《统治阶级》一书中认为,在各种社会中"都有一个统治阶级和被统治阶级。第一个阶级人数较少,但是履行所有政治职能,垄断各种权力并享受由此带来的利益。第二个阶级接受第一个阶级的指挥和控制,其方式或多或少是合法的,同时又或多或少是专制而暴烈的"[①]。这个统治阶级是社会的精英,即社会各个领域中最杰出的优秀分子。这也就是通常所讲的精英与大众的关系问题,对于该问题的考察要分为民主国家的精英与大众关系和传统国家的精英与大众关系两个方面来进行。

(一)民主国家精英与大众的关系

就现代民主国家而言,由于社会组织和民主制度较为成熟、大众的政治意识较高,精英与大众的关系就出现了良好的互动。这种互动既体现在精英与大众互动方式的多元化,也体现为大众的积极主动参与。[②]精英与大众互动的首要媒介是政党,党内民主是政党精英了解大众诉求的党内渠道。在西方国家,党内民主反映民意的渠道主要有两种:选举和参与决定党内事务。定期、周期举行的选举中存在激烈的竞争,能够较好地反映党员的意志,使选举成为政党政策反映民意的晴雨表。党员参与决定党内事务主要表现在两个方面,即参与党内重要人事和政策的决定。

---

① [意]加塔塔·莫斯卡:《统治阶级》,贾鹤鹏译,译林出版社,2012 年,第 50 页。
② 赵虎吉主编:《政治学基本问题》,中共中央党校出版社,2012 年,第 43 页。

　　利益集团是政党和政府了解社会、大众表达利益诉求的重要党外渠道。随着社会利益的分化，围绕单一议题和特定利益的社会团体逐渐发展并影响政府政策。美国学者戴维·杜鲁门认为："利益集团是在社会中提出特定要求、具有共同态度的集团。"①利益集团是专心于维护特定利益的，不以掌握公共权力为目标，它的出现为政党了解社会各群体的利益要求提供了渠道，因为利益集团能够提供充分的信息和专门知识给政府决策做参考。从一定意义上说，利益集团具有对社会利益的"过滤"和"筛选"功能，正是因为利益集团的这种特有功能，它已成为精英与大众沟通的渠道。

　　大众传播媒介是精英与大众沟通的重要渠道。大众媒介及其技术的迅速发展大大提高了社会的开放性和透明度，尤其是私有化商业媒体的出现及发展，媒体的独立自主性加强，大众媒介自由播报新闻的能力更强，因而也更能够及时地反映、传播社会各方面的各种信息和问题。所以政治精英也十分重视媒体的力量，利用大众传媒了解社情民意，同时通过大众传媒将政党的政策广泛宣传，以期获得民众的信任和支持。托马斯·戴伊认为："作为通讯工具，电视和报刊不仅被精英用来向民众传播信息，同时也影响着人民的价值观、思维方式和情感。相应的，职业性的民意调查从另一方面判断着民众对精英们所发布的信息的反应。"②

　　民间思想库以及政党外围组织也是精英与大众互动的新兴渠道。这些思想库、政策咨询机构网络大量专业研究人才，有较强的政策创议能力，对政府了解民意和制定政策帮助很大。政党外围组织也正在成为人民群众的生活和生存方式。执政党通过对民间组织进行帮助、指导等方式，把各种组

---

① ［美］戴维·杜鲁门：《政治过程》，陈尧译，天津人民出版社，2005 年，第 41 页。

② ［美］托马斯·戴伊：《民主的嘲讽》，孙占平等译，世界知识出版社，1991 年，第 150~151 页。

织团结在自己周围,作为沟通民意的桥梁。这些组织弥补了政党正式组织的覆盖真空,同样可以起到民意传达的作用。

政治精英与选民个人的接触是精英与大众沟通的直接渠道。在竞争性的政治体制下,由于受到选票的强烈驱动,执政党及其政治精英都十分重视与选民的关系,以此有效地收集选民的利益要求。国外政党精英大多主动深入民众,体察民情。他们不仅接受个别选民申诉、就涉及民众的政策问题表明自己的立场和看法,而且关心民众的日常要求并为之提供服务,即使是细微方面的要求也要认真对待。为此,一些国家专门设立了议员办公室、选民接待日等,把精英与大众的联系制度化、规范化,以此保证精英与选民的密切联系,及时与选民沟通。

此外,民主国家精英与大众的关系还表现为大众积极主动的政治参与。主要表现在:政务公开是公众参与的前提;政府创造多样化的参与途径,为参与者提供意见表达的渠道,如参加社区组织、加入利益集团、出席听证会、进行示威游行等;普通公民有机会提出提案,并有机会对政治决策进行表决;以全民公决的形式参与政府重大决策的制定和选择。在民主国家,公民能参与政治过程,国家建立起有效的公民政策参与系统,这些国家的公民社会大多成熟与发达,公民多具有政治参与理性。公民参与成为政治精英制定科学、规范的公共政策的重要决策力量,也是左右政府政策方向的重要因素。公民政策参与成为公民利益表达的重要渠道,也成为精英与大众良性互动的重要环节。

(二)非民主国家的精英与大众关系

非民主国家的政治精英与大众的关系不同于民主国家的精英与大众的

关系,主要表现在三个方面。第一,精英与大众关系的单向性。这种单向性是指精英支配大众,而大众无法影响精英的单向性,即权力自上而下单向运行。第二,大众政治参与的动员性。非民主国家精英与大众关系运行的单向性不代表不参与政治活动。相反,大众在精英的控制和操纵之下会体现出强烈的政治参与,这种参与的前提是大众对精英的高度依附性。由于非民主国家政治参与的方式极端有限,要么大众不参与政治活动,要么大众受到精英的动员被动参与政治,也就是所谓的"动员型政治参与"[①]。第三,精英与大众之间流动的封闭性。精英与大众之间是否有序流动是判断一个国家是否为民主国家的重要标准。在非民主国家里,精英与大众之间几乎不存在流动,精英集团的自我封闭化和壁垒化非常明显,精英与大众之间存在非常明显的隔阂。一方面,政治精英出于自己的统治需要和经济利益考虑,封闭并不断巩固自己的利益群体。另一方面,由于受到精英的高度控制和动员,大众也不可能建立自己的政治集团来对抗精英实现流动。在这种情况下,精英群体在既得利益的基础上还在进行强烈的公权扩张,从而获得更大的既得利益。长此以往,精英与大众之间的关系会逐渐疏远,距离日渐拉大,隔阂日趋增加,精英与大众之间的关系不断紧张,最后有可能导致更大的革命发生。

三、韦伯、熊彼特的精英民主论

韦伯对于民主理论并没有进行系统的论述,一些关于民主的洞见散见于其著作当中。他所论述的民主观的前提是官僚制,这一概念被他用来刻画

---

① 动员型政治参与是指公民由于受到他人的号召、动员、暗示等而被动地参与政治生活的实践活动。参见陶东明、陈明明:《当代中国政治参与》,浙江人民出版社,1998年,第128页。

所有形式的大规模组织的特征，包括政府、工业企业、政党、大学和医院等。他认为官僚制是现代国家的管理体制，是现代国家理性化的必然产物和内在要求。韦伯认为经典的直接民主制是不可行的，因而所有大于农村小区的社区里，政治组织都必然是由对政治管理感兴趣的人管理的。而管理国家只能是具备一定才能的精英，一般选民只能对领袖做一些选择。民主并不是那种作为全体公民进一步发展基础的民主，它至多只能被看成确保政治和国家领袖富有效率的关键机制。就承担选择功能和（通过选举）使被选择者合法化来说，民主是绝对必要的。也就是说，韦伯主要考虑的是，借助民主机制，确立能够并愿意保持权力和声望的政治领袖。

熊彼特继承了韦伯的思想，也是精英民主理论的集大成者。他在《资本主义、社会主义和民主主义》一书中主张，民主的成功有四个条件[①]：第一是政治领袖人物必须具备很高的素质；第二是政治决定的范围不能扩展得太广；第三是必须有一个由训练有素、具有强烈责任感的人组成的官僚机构；第四是"民主的自我控制"，如议员不应轻易倒阁或找政府麻烦，选民不可随便撤回对政治家的信任，对不同政见的宽容等。熊彼特通过对经典民主理论的两个基本假设"公益"和"人民意志"进行批判，展开了自己的精英民主理论体系，主要包括两方面内容：

第一，民主是一种手段和方法，本身不足以构成目的。这是所有民主理论的出发点。熊彼特认为，经典学说的根本缺陷就是把民主从一种政治方法抬高为一种价值目标——"人民的统治"或"大多数人的统治"，而选择代表只能居于次要地位。熊彼特认为这是引起经典学说困境的主要原因，要摆脱

---

① ［美］约瑟夫·熊彼特：《资本主义、社会主义和民主主义》，绛枫译，商务印书馆，1979年，第363~368页。

这一困境,就必须把选举作出决定的人当成民主的首要目的。人民的作用不再是实行统治,作出政治决定,而是产生政府,接受或拒绝要来统治他们的人。人民能否决定或影响公共政策,决策的结果是否有利于公益,都是无关紧要和意义不大的问题。只要存在选举产生政治领导人的程序,只要每隔一段时期公民可以选择或罢免统治者,民主就是充分和完善的。由此,熊彼特给出了自己独特的民主界定,即"民主方法是为达到政治决定的一种制度上的安排。在这种安排中,某些人通过竞取人民选票而得到作出决定的权力"①。这就是说,民主只是一套制度性的程序,一个选择政治领导人的政治方法。这一方法为判断是否为民主制度提供了一个简便有效的依据。

第二,民主是政治家竞取领导权的过程。熊彼特把这一过程和市场经济的运行过程相提并论。选民就像消费者,他的"货币"就是选票。选民们用选票购买合意的商品——政治家或政治主张。政治家就像企业主,他们的政纲或许诺就像企业的产品,他们带着这些政纲和许诺来到政治市场,通过政党、竞选班子、大众传媒等工具,利用广告宣传、口号煽动等手段来争取人民的选票,竞取权力。在熊彼特看来,政治家竞取选票和企业家争取消费者的钞票是一样的。就像经济过程中各种竞争手段的运用必不可少一样,那些公开或暗地的政治斗争和交易,不仅理所当然,而且成为政治和民主的精义所在。就像企业主进行生产不是为了满足雇员和消费者的利益,而是为了赚取利润一样,但政治市场的自由竞争会同样巧妙地把对私利的追求转化为实现社会目的和公众要求的手段。

---

① ［美］约瑟夫·熊彼特:《资本主义、社会主义和民主主义》,绛枫译,商务印书馆,1979 年,第337 页。

四、对精英民主论的褒贬

精英民主论一产生就引起了政治学界的极大反响，学者们对该理论的评价褒贬不一。对精英民主论持肯定态度的学者以拉斯韦尔、萨托利和波普为代表。拉斯韦尔承认精英与大众之别是一个普遍的事实，强调精英和民主政治可以同时存在，关键在于要对精英进行有效的控制。他认为，为了达到对精英的有效控制，必须建立精英对大众的责任制度，而民主政治就是被统治者享有控制统治者的权力。拉斯韦尔虽然承认权力的分配在任何社会都是不平等的，但只要这个社会统治者向被统治者负责，而被统治者具有影响统治者的权力，同时社会提供全体公民平等地获取权力的机会，这个社会就是民主社会。拉斯韦尔还认为，不能把精英的来源仅仅局限于社会的少数阶层，主张精英应该从社会各个阶层中进行广泛的挑选，他说："民主社会的领袖是从社会广泛基础中选拔出来的，并有赖于整个社会的积极支持。"[①]

萨托利对精英民主论进行了一定程度的改造和补充，提出了一种竞争理论——反馈式的民主。他特别强调民主政治与精英是相得益彰的，甚至民主的主要功能就是产生政治精英或领导者，萨托利称之为"领导原则"。在他看来，任何政治制度都需要领导或领袖，民主政治更为需要，因为在高度分工化、专门化的现代民主国家里，人民是无法自己治理的，必须委托少数专职治理者即精英去承担政治责任。民主政治与极权政治的区别不在于有无领导者，而在于领导者是否须向被领导者负责，人民是否有防止领导者滥用

---

① [美]哈罗德·拉斯韦尔等：《权力与社会》，王菲易译，上海人民出版社，2012年，第226~227页。

权力的方法。也就是说,民主的真谛不在于是否由人民自己治理,而在于是否有适当方式产生人民信任的领导者,并能有效地控制其行为。这种适当的方式就是选举。他认为,熊彼特的精英民主论事实上就是一种竞争式民主论,精英通过选票在竞选中取得权力,这是民主过程的输入方面,但还应该看到输出的方面,即当选的统治者在其决策时,受着选民对统治者的决策的反应的制约,因此要考虑民心的相悖、民众的意愿。选民的选举权就以反馈的方式制约着统治者的决策。这样选举就不但从输入意义上,而且从输出意义上,保证了政治过程的民主性质。

波普有些思想与精英民主颇为贴近,认为大多数人的权力并不能自然地产生真理和善。在波普看来,必须彻底摆脱"由谁来统治,即由人民还是由君主、多数人还是少数人来统治"这样的问题,而应着眼建立一套科学合理的制度。他把民主理解为一套制度,是一套被统治者能够有效地控制统治者的制度或程序。这一点与熊彼特、拉斯韦尔相一致。不同的是,波普对少数统治者即精英持较不信任的态度,他不相信优秀的统治者会避免决断的错误,即使在民主制度下也是如此。他说:"我们需要的与其说是好的人,不如说是好的制度。……我们渴望得到好的统治者,但历史的经验向我们表明,我们不可能找到这样的人。正因为这样,设计出一种即使是坏的统治者也不会造成太大的损害的制度是十分重要的。"①由此可以看出,波普的精英民主理论比熊彼特等人带有更深刻的民主主义色彩。

当然,精英民主论也受到了一部分学者严厉的批判,以彼得·巴赫拉克、兰妮·戴维斯等为代表。这种批判主要体现为两个方面:第一,批判精英主义

---

① 〔美〕波普:《猜想与反驳——科学知识的增长》,傅集重译,上海译文出版社,1986年,第491页。

把少数人的统治看成永恒不变的合理现象,对人民大众抱有深刻的不信任感;第二,批判精英民主论把政治囿于一种政治程序,否认了民主政治丰富而重要的价值。

20世纪70年代以来,虽然对精英理论持评判态度的学者日渐增多,对民主理论产生了一定程度的冲击,但始终未能动摇其根基。究其原因,在于这些学者在批判精英民主时,只强调虚幻不真的价值图式和理想目标,缺乏经验事实的有力验证,他们的批判往往是感情多于理性,规范多于描述,价值多于事实,而精英民主论在一定层次上揭示了现阶段一些民主政治的发展状况,从而在20世纪七八十年代以后对若干经济和政治学说产生了一定的影响。

第四节　权威主义与精英民主之异同

权威主义与精英民主的相似之处在于,都强调精英人物的强势作用,并在一定程度上允许存在不同的声音。二者的区别虽小,却是关键性的,因为在民主理论的发展谱系上,这是民主与非民主的分界点。对于权威主义还是精英民主的判断决定着一个国家政治发展的性质,亦即决定着该国家是民主国家还是非民主国家。所以,这里对权威主义和精英民主做出区别是非常有必要的。精英民主与权威主义有着相似的方面,即他们对精英和权威的尊崇,正是由于这点导致了学术界对权威主义和精英民主区分的模糊不清。实际上,权威主义所推崇的精英往往是以血缘关系为传输纽带的,出生即决定了是否成为权威,从本质上讲是专制主义。精英民主所倡导的精英是可以流动的，既存在精英到非精英的向下流动，也存在非精英到精英的向上流动，从本质上讲是民主的，这是它们之间最根本的区别。同时，精英民主与通常意义上的民主理论也有着一定的区别，这种区别在新加坡表现为一种实用主义的理念。既然学术界对于新加坡存在权威主义还是精英民主的争论，那么很有必要对二者进行界定并做出比较，这样才能正确判断新加坡的政治发展状况。综合而言，权威主义和精英民主的异同点可以从三个方面进行考察：第一，民主与非民主的本质区别；第二，精英流动的封闭性与开放性；第三，权力合法性基础。整体而言，权威主义政治体制属于非民主国家，这一点是毋庸置疑的，在其国家体制内，精英呈现一种封闭性、排外性。

一、民主与非民主的本质区别

精英民主用一句话来概括就是用民主的方式选出精英进行统治。上文曾多次提到民主的概念，这里笔者所赞同的民主指的是一种实现民主理念的方式，实现主权在民、自由、平等这些民主理念的方式。熊彼特等人认为精英民主是这样的：第一，民主不是人民直接统治，而只能是政治家的统治。第二，民主是政治精英之间竞取权力的过程。第三，精英是向大众开放的，人人都有机会成为政治精英，精英要保持向下流动和向上流动的渠道畅通。这个精英民主论就是精英主义在当代的体现形式。精英主义所倡导的民主从本质上讲是有限民主，有限民主就是指对民主进行一定程度的限制，也可以从政党制度的角度来区分权威主义和精英民主。一般而言，权威主义国家实行的是一党制或无党制，属于非民主政府的范畴，而精英民主是有限民主制，实行的是一党独大制，属于民主政府的范畴，这一点迈克尔·罗斯金在其著

作《政治科学》中在论述政府权力的谱系时有专门的论述,如表 2-2①:

表 2-2 民主政府与非民主政府的比较

民主政府			非民主政府		
绝对民主主义(权力掌握在人民手中)	民主制(美国、英国、法国)	有限民主制(墨西哥、埃及、南斯拉夫)	权威主义(叙利亚、伊拉克、缅甸)	极权主义(法西斯意大利、纳粹德国)	绝对极权主义(政府拥有所有权力)
无政党;个人完全参与政府;几乎不受限制的个人自由;社会和经济的绝对平等;自由进入行政部门;绝对新闻自由	两党或多党;普选;切实保护个人自由;朝向社会和经济平等的垂直流动;宪法对政府有具体限制;新闻出版自由;公职敞开招聘;对结社不加限制	一党独大;限制候选人的普选;有限的个人自由;近乎新闻自由;部分社会和经济平等;宪法对政府有限的制约;部分开放公职;允许某些政治团体存在	一党或无党;个人或政党决定领导权;等额选举;对个人自由不稳定的宽容;宪法对政府很少或没有限制;间歇性戒严令;军队直接影响政府;政府决定经济体制和经济结构;政府控制新闻	一党制;个人决定或政党决定的领导权;选举权有变化的余地,但仅限于赞成政党候选人;缺乏宪政;极其有限的政治自由;国家决定社会结构;政府对经济的牢固控制;政府控制大众传媒	一党制;没有选举权;没有个人自由;政府控制新闻;强制的经济和社会分层;政府完全控制经济;思想控制和个人良知的泯灭

通过上表可以看出,雅典式的民主理想和绝对极权主义处于政府权力谱系的两端,在它们之间还有许多不同的形式。上表显示了从绝对民主主义到绝对极权主义的主要等级,并列出了每个体系的一些典型特征:这张表是根据依附西方政治传统的国家(如美国)的习惯把国家划分为"民主的"或"非民主的"——民主国家政府的权力是有限的,非民主国家的政府或多或少都拥有对公民的无限权力。也许该表中所列举的一般特征还不尽如人意,没有"平均的"民主国家,也没有"平均的"非民主国家。即使雅典的民主制与绝对的民主主义之间也还有一段距离,因为人口中的很大一部分——妇女、

---

① [美]迈克尔·罗斯金等:《政治科学(第 6 版)》,林震等译,华夏出版社,2001 年,第 67 页。

外侨和奴隶——被排除在参与政治过程之外，而且有效的控制实际上只属于精英分子。为每个政府体系所列的种种特征在不同的国家会有所差异。例如，虽然民主国家声称要切实保护公民的言论和行动自由，但是有人争论说这些自由的给予是不平等的——给予中产阶级的白人高度自由，而对贫穷的非白人则是很吝啬或根本就不给。

戴维·赫尔德在其著作《民主的模式》一书中，对西方民主发展的历史进行了详细的考察，如图 2-1[①]：

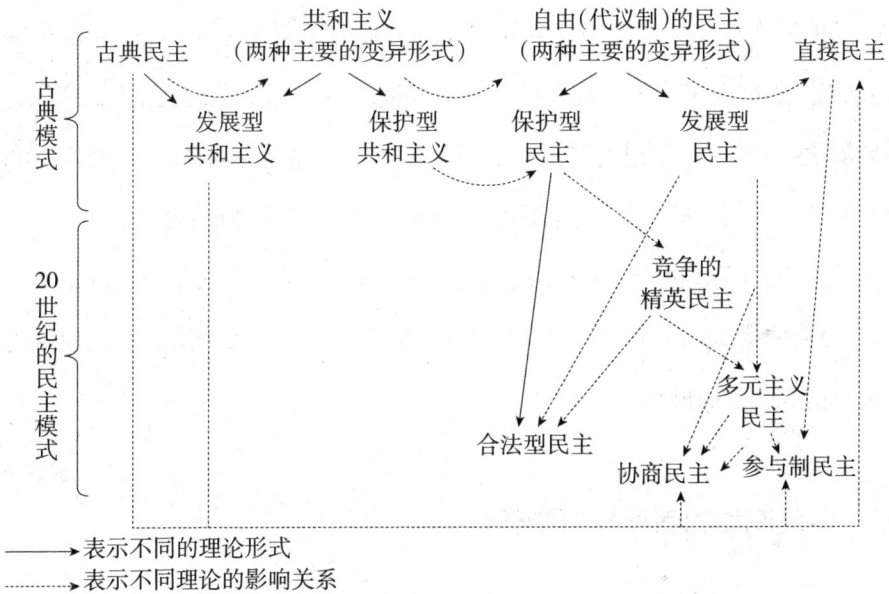

图 2-1 西方民主发展的历程

赫尔德认为，关于民主的问题跨越了很长的历史过程，从民主问题一些初始概念的提出，到近两千年中这一思想的被遮蔽，再到文艺复兴以及 16世纪后期自由主义和马克思主义传统对民主思想的重新阐发，直至当代各

---

① ［美］戴维·赫尔德：《民主的模式》（最新修订版），燕继荣等译，中央编译出版社，2008 年，第 4~5 页。

种相互冲突的观点。民主的各种模式及其一般关系反映在上图中。民主的不同模式可以被合理地划分为两大形式:直接的或参与的民主(direct democracy or participatory democracy,一种公民可以直接参与公共事务决策的制度)和自由的或代议的民主(liberal democracy or representative democracy,一种在"法治"的框架下通过选任的"官员"来"代表"公民的利益和观点而实行统治的制度)。赫尔德分别考察了古典民主和20世纪的民主模式,其中古典民主模式有四种,即古代雅典的古典民主思想,共和主义自治共同体概念(包括保护型共和主义和发展型共和主义两种形式),自由主义的民主(也包括两个部分,即保护型民主和发展型民主),以及马克思主义的直接民主理论。赫尔德在论述20世纪的民主模式时主要探讨了最近引起激烈政治争论和冲突的五种民主模式,即竞争性精英民主、多元主义民主、合法型民主、参与型民主和协商民主。可以非常明确地得出结论,精英民主属于民主理论的范畴,而权威主义从本质上讲是非民主的,这种民主与非民主的区别是权威主义和精英民主的最根本区别。

二、精英流动的封闭性与开放性

国家政治生活由精英领导和治理是必然的,但是精英的开放和流动也是很重要的。在权威主义国家,精英的流动是封闭的,不可挑战的,精英与大众之间存在隔阂,也存在有限竞争,但仅限于经济领域;精英民主国家精英的流动是开放的,允许政治领域的有限竞争,非精英的社会个体通过合法的途径与个人努力可以转化为精英。从某种意义上说,保持精英与大众之间的有序流动是精英治理的合法性来源,底层民众是否有机会实现身份的转换是衡量国家平等的尺度。帕累托的精英循环理论如图 2-2 所示,认为精英的循环包括内部循环和外部循环,其中内部循环指的是精英在政府部门与政府部门之间的新老更替和上下流动,进而不断实现精英的更新。外部循环指的是精英在国家与国家之间,国家与企业之间的跨集团循环,也指非精英人员通过自身的努力如教育等进入精英阶层。精英的外部循环其实是一种精英引进。

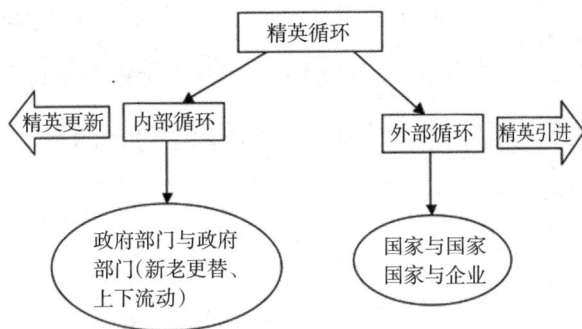

图 2-2　帕累托的精英循环理论

精英是一个集团,或者称为"精英群",而不是单指一个人。精英是一个高度组织化、理性化和专门化的集团。随着社会经济的发展,"强人政治"或者"超人的时代"已经一去不复返,任何社会不可能单靠一个人的力量来完成。把精英看作一个集团首先是指相同时期、不同职务岗位下的精英集团,有时就是指我们平常所讲的"领导班子"。精英集团的另一层含义是不同时期、相同职务岗位的精英集团,即把前任精英同继任精英一样当作一个精英集团,也就是说在相同职业岗位下,前任精英同继任精英由于他们之间必定有一定的连续性,因此也需要看成一个精英集团。①在精英民主模式下,政治

---

① 赵虎吉主编:《政治学基本问题》,中共中央党校出版社,2012 年,第 41 页。

精英是流动的,对社会其他阶层是开放的,并允许政治领域的有限竞争存在。

在权威主义模式下,权威是封闭的,家族式的,不可挑战的;非精英的社会个体通过合法的途径与个人努力,如知识积累、行政实践等可以转化为精英,而精英也可能因为其不作为或作为不力转换社会身份。在权威主义之下,同样存在有限竞争,但往往限于经济领域,权威在政治领域的地位是不可动摇、牢不可破的,对政治精英而言,政治权力的垄断是保证经济领域有限竞争的底线条件。在权威主义国家,精英的流动是封闭的,如图2-3所示,精英集团把大众牢牢吸附在自己的周围,使其不能脱离精英集团而独立或壮大,但同时,精英集团与大众之间存在着隔阂,不能相互融入,形成了一种相对封闭的格局。

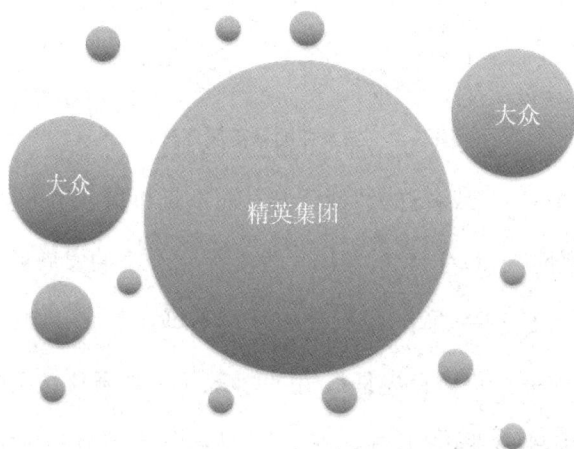

图 2-3　权威主义国家精英与大众之间的孤立性、封闭性

三、权力合法性基础

合法性是共同体的成员对终极价值目标,即政治信仰的共识,也是支撑

政治体制的价值理念体系,以国家与社会的关系为主要内容。合法性的标准应存在于社会之中,与社会的认同相一致。通常来讲政治合法性的基础,是指国家取得合法性的依据。主要有以下三种:第一,政治合法性的理念基础,即认为国家合法性的基础是其意识形态。之所以意识形态成为学者们认为的国家合法性基础,是因为一方面意识形态对国家的权力具有辩护和维护的作用,另一方面意识形态具有激励和动员功能。第二,政治合法性的规则基础,即认为国家合法性的依据是一定的规则和程序。包括两个方面的内容,一是国家权力的获得必须遵守一定的程序,二是国家权力的运作必须遵守一定的规则。第三,政治合法性的有效性基础,即认为国家合法性的依据是国家的政治产品满足社会需要的程度,有学者称之为政绩。国家政绩之所以对合法性具有重要作用,就在于利益是政治行为的起点终点,是一切社会政治组织及其制度的基础,是政治发展的根本动力,是政治权力和政治权利形成的基础和条件。综上可知,所谓政治合法性基础就是国家权力符合社会评价合法性标准及得到社会认同的依据,只要社会评价合法性的标准与上述三种合法性基础中任一个、两个或三个相一致,社会就会承认国家的合法性,国家就因此获得一定的合法性。

在精英民主政治中,合法性的理念基础在于文化的包容性,允许存在不同的声音。以人民民主为基本理念的追求是精英民主国家权力合法性的理念基础。可以说,人民主权是民主理论和民主政治的基础,其主要内容包括,一切权力来源于人民,一切权力属于人民,人民是最高的主权者等。正是这种人民主权的理念基础奠定了精英民主政治的广泛认同。在精英民主政治中,权威是精英型的权威,具有流动性与开放性,精英与非精英之间存在一个合理畅通的转化渠道,而不是靠世袭形成的仅限于道德或某一方面。无论是精英的转化与流动，还是政策的制定与执行，都有着一定的规则和程序，也就是形成了制度和法制的保障，这是权力合法性的规则基础所在。精英是有权威的精英，其权威是通过不断得到认同的政治实践积累起来的。由精英人物带领人民追求和实现的政治、经济、社会、文化领域的发展成果，很好地满足了社会需要和人民需求，合法性基础的有效性大大增强。如此一来，精英的作用得到了最大化的发挥，得到愈来愈多的认同，其地位的合法性愈加巩固。同时，这种有效性的增强也要求精英的能力和素质相应要不断提高。这样，在精英民主的政治发展过程中，就形成了权威与精英的良性循环，这种良性循环在新加坡得到了最好的验证。

二战后，一些新型的发展中国家建立了独立的政权，这些国家一般实行一党制、军人政治或者个人专制统治，在政治上实施集权统治和高度的控制；在经济上，适度自由，实行市场经济，他们被称为权威主义或威权国家。在这些权威主义国家，其政治合法性面临多方面的质疑。第一，军人执政不具有合法性。军人作为国家安全的守卫者，本身应当服务于政治，军人干政不具有政治执政的合法性。第二，政治权力世袭不具有合法性。面对民主政治要求和社会阶层流动要求，权威政治已经是逆历史潮流了。

这些权威主义国家在立国之时建立的是不同形式的强权统治，既缺乏合理化的制度基础，又没有具有感召力的完整的意识形态基础。权威政治都倾向于运用诸如"国家目标"或"发展计划"来说服人民，因此他们都把政绩当作合法性的主要来源。从 20 世纪 60 年代开始，权威主义国家在自由市场的基础上推行现代化经济政策，赢得了经济的持续增长。经济的发展成就和政府绩效为这些国家政权提供了一定的合法性基础，然而经济政策和政府绩效作为权威主义国家政权的合法性基础的积极作用是十分有限的。实际上，经济政策和政府绩效在多大程度上和多长时间内能够为政府提供合法性，取决于民众对权威政治所设定的目标的共识和认可程度。公众心理预期的改变必然动摇权威政治的合法性基础。权威主义国家政治合法性的一个致命弱点在于，它将合法性的基础建立在短期的可变的经济发展的因素之上，如果出现以下情况，就会陷入政治的合法性危机：第一，经济的发展受到打击，不能实现政府的承诺；经济增长缓慢，但民众预期更高；经济发展速度不低，但民众的非经济要求得到了释放。政府绩效的合法性作用，取决于民众对政府政策的评估。民众的评估标准并不相同，有的人可能运用经济增长和生活水平等经济指标，有的人可能会运用社会平等和社会秩序等社会指标，有的人可能运用公民权利和政治腐败等政治指标。变化中的公众期望和不确定的政府绩效评价标准，使得政权的合法性无法持久和固化。

此外，在权威主义和精英民主两种政治环境中，普通民众的政治参与态度与效果也是截然不同的。在权威主义政治体制内，政治资源被政治精英垄断，普通大众的政治作为往往没有实际的政治作用，大众对于政治体制的参与热情与效果往往会打折扣，参与类型为被动参与型。在此政治环境中，普通大众的政治行为往往呈现出政治冷漠与政治革命等极端行为。精英民主政治体制内的政治精英与社会结构是流动性的，普通大众对于政治制度的运作有着比较明晰的认识；政治参与的动机明确，参与类型为个人主动参与而不是动员参与型，参与的热情度比较高；政治行为比较理性，可以预期政治行为产生的后果；政治参与效果容易得到反馈，并对政治系统产生现实作用效果。

第三章　新加坡精英民主政治的形成

　　20世纪60年代谢茨施耐德的冲突分析框架和理性选择制度主义融合而形成了历史制度主义对制度起源问题的研究。冲突分析框架认为："一切政治组织形式都倾向于发展某些冲突倾向而抑制另一些冲突，因为组织本身就是对某些倾向性的动员。某些议题被组织化进入政治过程，而另一些议题被排除在外。"[①]理性选择制度主义则将个体视为扩大自身利益的行动者，视政治主体为竞取利益和权力而斗争的行动者。中国学者何俊志在其博士学位论文中系统研究了历史制度主义的理论框架，他认为通过对冲突分析框架和理性选择制度主义的融合，历史制度主义在处理制度的起源问题时，主要侧重考察三个变量：旧制度、环境和行动者。何俊志进一步提出，任何一种既存制度都是可能引起潜在冲突的制度，这是因为在旧制度下处于有利地位的集团和个人会试图扩展自己的权力和利益，而处于不利地位的集团和个人则试图改变这一局面。新制度的形成来自这两个集团之间的冲突和

---

　　① ［美］E. E. 谢茨施耐德：《半主权的人民——一个现实主义者眼中的美国民主》，任军锋译，天津人民出版社，2000年，第64页。

竞争,同时也来自环境变迁所提供的机会和可能。他将制度起源概括为:制度起源于既存的制度偏见所引发的潜在冲突;或者旧制度在新环境下所面临的危机,从而引发出原有制度之下的政治主体产生改变现存权力的企图。[①]综合分析,历史制度主义从四个变量来考察制度的形成,即外部压力、内部冲突、观念引导和精英推动。本章对新加坡精英民主政治形成的考察也是从这四个方面着手的。

在建国之初,新加坡深受英国殖民统治的影响,殖民统治结束后,其遗留的制度观念也依然发生着重要的作用,对新加坡以后的政治发展有着不可忽视的影响。更重要的是,1965年,新加坡被迫从马来西亚联邦中独立出来,而后,英国军队撤出新加坡,对新加坡的政治发展造成了巨大的外部压力。在国内,对于新加坡未来如何发展,方向怎样抉择也存在很大的争议,人民行动党在各党派的争论中占了上风,李光耀宣布新加坡脱离马来西亚独立,在自治的过程中人民行动党力挽狂澜,牢牢把握新加坡政治发展的方向,不断磨合着旧有制度模式和新加坡这个移民国家特有的国情和价值观念。新加坡的移民中华人居多,其本身的东方观念与英国殖民地时期遗留的西方观念之间存在着严重的冲突,人情与法治孰轻孰重,家长制与政党制孰优孰劣,道德权威还是合法领袖在起作用,诸如此类的冲突连续不断。尽管这些冲突从原则上讲是根本性的,但是在新加坡得到了很好的融合,这里精英人物起了关键性的推动作用,这些精英包括统治精英、权力精英和社会精英等。

---

① 何俊志:《结构、历史与行为:历史制度主义对政治科学的重构》,复旦大学出版社,2004年,第224~225页。

第一节 外部压力:脱离马来西亚与英国撤军

历史制度主义在考察制度形成的时候侧重于四个维度的分析，一是外部的压力,二是内部的冲突,三是新的理念的引进,四是精英的作用。从这一角度出发来考察新加坡精英民主政治的形成，英国殖民统治、脱离马来西亚、英国撤军这些是这一制度形成的强大外部压力。英国的殖民统治结束后,留给了新加坡一整套的西方政治框架,人民行动党在宣布独立实行自治的时候也没有完全毁灭或否定这一套已经成型的制度框架，而是根据自身的实际情况进行改造和利用。所以，在新加坡精英民主政治运行的过程当中,或多或少都可以看到英国殖民统治的影子,而考察新加坡怎样和为何走向精英民主道路,必然离不开对英国殖民统治、新加坡被迫从马来西亚联邦独立和英国撤军问题的研究。

一、英国殖民统治结束与自治政府的成立

1819 年 1 月 28 日,东印度公司的莱佛士登上了新加坡的圣约翰岛标志着英国殖民统治的开始,这是英国殖民统治的第一阶段,即莱佛士占领新加坡时期。莱佛士一行发现了新加坡拥有发展成为港口的优越条件,并与当时新加坡的统治者积极谈判,从争取建立殖民点停靠往来商船开始,到将新加坡开放为自由港,实行自由贸易,再到 1822 年莱佛士再次来到新加坡时将其重新分区，直到最后东印度公司取得了对新加坡的完全殖民权，特别是

1822 年的重新分区对新加坡后来政治的发展产生了重大影响。重新分区后，新加坡的区域制度包括政府机关区和商业区，同时规定各民族分开居住，按照族群设立马来人区、华人区和阿拉伯人区。莱佛士对行政管理制度做出新的调整，制定港口免税制、长期租用土地制等，设立城市规划委员会等机构，禁止赌博，取消奴隶制。1823 年，新加坡第一所学校建立，也就是莱佛士学院的前身。该学校为殖民官员子弟和本地优秀人士而设立，推行英文教育。由这所学校走出去的学生都陆续进入殖民机构工作，成为新加坡社会的精英。一些优秀的华人也进入莱佛士学院学习，后期成为对新加坡发展有重大影响的领袖人物。新加坡第一任总理李光耀曾就读于这所学校。可见，在莱佛士占领时期，所形成的一系列制度安排影响了新加坡政治的运行，而精英教育也从此延续了下来。

1826 年，英属东印度公司将新加坡、槟榔屿和马六甲合并组成海峡殖民地，由此新加坡进入了海峡殖民地时期。随着 19 世纪初英国国内工业的快速发展，这个日不落帝国开始大肆开发殖民地。新加坡的发展受到此理念的影响发展迅速。1824 年，新加坡的贸易额为 256 万磅。1864 年增加到 1295 万镑，新加坡的贸易额占到整个海峡殖民地的 70% 以上。1824 年，新加坡港出入船只仅有 3500 吨，1865 年增加到 153 万吨，1930 年为 3353 万吨。新加坡作为英国在东南亚开展贸易的重要港口，它的进口以及转口货物主要是英国的纺织品和金属制品、中国的茶叶和丝绸、印度的鸦片和纺织品、马来半岛的锡以及苏门答腊岛的胡椒和黄金。凭着良好的地理优势，以及莱佛士所推行的自由贸易思想，新加坡很快成为东南亚最重要的港口和世界著名的转口港。海峡殖民地时期的自由贸易思想对新加坡以后的经济发展产生了很大影响，其经济模式和体系也在新加坡后来的发展中得到了继承和进一步完善。

太平洋战争期间,日本取代了英国对新加坡的殖民统治,将新加坡置于其所谓的"大东亚共荣圈"之内。日本三年半的残暴统治破坏了新加坡原有的经济和社会结构,使新加坡物资短缺,通货膨胀严重,当地的商业和外贸遭受严重破坏,主要生产部门停滞,工人大量失业,内部矛盾尖锐,社会几乎处于瘫痪状态。1945 年 9 月,英国重新恢复对新加坡的殖民统治,但改变了其战前的统治方式,开始在新加坡实行政治改革。1946 年,英国政府发表了《马来亚的新加坡——关于未来的宪法声明》,海峡殖民地解散。随后又宣布实行"新马分治",新加坡脱离马来亚联邦成为英国的直辖殖民地。还在英国成立了立法议会和市政局,恢复了正常的民政,开始筹备立法会议员选举之事。英国殖民者将新加坡划分为四个选区,这种选区划分的理念和考虑为以后新加坡的选举奠定了基础。

也正是在英国进行政治改革的同时,在英国殖民统治这一大背景下,新加坡本土出现了新的政党——1945 年成立马来亚民主联盟、1947 年成立进步党、1954 年成立人民行动党。它们积极致力于新加坡的发展,争取实现自治。随后,英国女王正式批准林德宪法,新加坡开始进行战后第一次大选。1959 年 5 月,年仅 35 岁的李光耀带领人民行动党以 51 席中当选 43 席的优势取得压倒性胜利,从而取得了自治后第一次民选政府的执政权。"从莱佛士1819 年登陆新加坡, 经过了漫漫 140 年的英国殖民统治, 新加坡终于自治了。除了国防和内部安全以外,李光耀总理领导的新政府有权制定自己的社会和经济政策。"[①]由此,新加坡在实现自身民主建设的进程中又迈出了一大步。

---

① 严崇涛:《新加坡成功的奥秘—— 一位首席公务员的沉思》,张志斌译, 人民出版社,2012年,第 26 页。

二、从自治、脱离马来西亚到英国撤军

1959 年对新加坡来说非常重要,因为它取得了自治。同时,1959 年,新加坡的政治经济情势是糟糕透顶的。朝鲜战争带来的经济旺期早已过去,失业人口大约有 30 万之多。被日据时代(1942—1945 年)严重摧残的基础设施仍在断断续续地恢复当中。没有经济腹地来安置成千上万的无业游民。在公共服务部门和英军军营外,穷人和文盲从事小贩或出卖劳动力以维持生活,私会党活动猖獗,贪污腐败的现象非常普遍。文化程度普遍偏低,文盲率极高。长期的失业、种族纠纷、宗教冲突随时都能把新加坡脆弱的社会和政治结构炸得支离破碎。在这样混乱落后的条件下,新加坡要实现资本的迅速积累,对本身极其有限的资源进行合理配置,推进经济发展,就必须找到一条合适有效的路径。新加坡受英国分权制衡体制的影响,也曾考虑要借鉴西方的政治体制,它有利于扩大政治参与,可以很好地监督权力的运行,但是在当时的背景下,西方政治体制的弊端尤为值得考虑,如权力的不同分属导致政府效率低下,权力相互掣肘等。所以,走西方的路是行不通的。这就需要在政治上集中权力,这样才能尽可能地消除内耗,实现高效率的领导与决策。立国之初,新加坡内忧外患,阶级、种族、宗教、文化等因素相互交织,随时有可能导致政权倾覆、国家分裂,在这样的情况下,权力集中不仅可行,而且是合理的。①在实现自治以后,新加坡的首要目标是稳定经济,逐步提高人民的生活质量,真正实现新加坡的完全独立。在这期间,以李光耀为代表的人民

---

① 畅征、陈峰君主编:《第三世界的变革》,人民出版社,1997 年,第 220 页。

行动党人充分了解和把握住了新加坡的社会实际状况，在无法改变既有自然资源的前提下,他们高度重视人才的作用,通过人才的优势来弥补资源的不足。通过大力发展教育,培养了一批批精英人才,在他们的带领与推动下,新加坡的经济水平有了逐步的提高,逐渐实现了社会的稳定和有序,为进一步发展创造了适宜的社会环境。

可以说,1959 年自治以后,新加坡的社会、政治和经济的前途掌握在了自己的手中。第一任财政部部长吴庆瑞设立了经济发展署,通过发展轻工制造业,如纺织业、玩具业、电子收音机和假发等,吸引外商来新加坡建厂,很大程度上解决了失业问题。1963 年 9 月,新加坡与沙巴、沙捞越和马来亚合并,成立了马来西亚。由于马来西亚的成立,新加坡的企业家都看到了马来西亚共同市场这一美好前景, 认为这个马来西亚共同市场可以为新加坡的发展提供一个经济腹地,通过统一的对外关税,整合国内市场,犹如欧洲共同体里的共同市场。他们信心大增,对未来充满了希望,然而新加坡在当时采用的进口替代经济战略后来退化成了一种零和游戏:没有任何一个国家的政府敢开放其国内市场,进口其他国家更高效生产的产品。于是,新加坡政府做出了一个划时代的决策,那就是脱离马来西亚联邦。1965 年 8 月 9 日,新马分家,新加坡实现独立。新加坡脱离马来西亚,成为一个独立的国家,选择在没有任何经济腹地的情况下自力更生地求生存、谋发展。独立以后,新加坡什么都得重来。在这一大背景下,以李光耀为代表的人民行动党人更加注重发挥精英人才的作用,在坚持实用主义和理性的原则下,从免税做起,彻底取消了外汇管制,新加坡元成为完全可以自由兑换的货币,为新加坡发展成为全球金融中心奠定了坚实基础,然而来自外部的压力并没有结束,就在新加坡独立后不到三年的时间内,英国政府就宣布将从新加坡军事基地撤离其驻扎的军队,包括三个空军基地和一个海军基地。英军的撤离使得至少两万五千个原来在军事基地工作的新加坡人失业了,失业问题又一度加剧,社会矛盾日渐激化。

总之,英国的殖民统治对新加坡以后的发展产生了重大的影响,从经济发展模式到政治制度设立以及法治理念的保留,都深受英国殖民统治的影响。同时,殖民时期英国当局为了强化自己的统治,压制新加坡人民的政治参与,排斥民主政治的形式,使本土化过程缓慢,这在一定程度上制约了新加坡向西方化的民主政治形式靠拢,而脱离马来西亚和英国军队的撤离对新加坡的打击可以说是致命的,在这些外部压力下,新加坡的政治发展必须高度重视和依赖精英人物的作用,集中力量办大事,才能有效应对当时的棘手局面。这些外在的压力都在促使着新加坡精英民主政治的逐渐成形。

三、国际民主化浪潮的冲击

因为对新加坡的研究离不开对人民行动党的研究,所以考察人民行动党执政的国际环境也就可以看出新加坡走向精英民主道路的外部因素所在。虽然"新加坡是一个合法的独立国家,而且繁荣昌盛,同时却仍然十分脆弱,不大能够自由行事"[①]。不管是地区范围内的国际环境,还是全球范围内的国际环境,都对人民行动党的执政产生了重大影响。从20世纪80年代中后期,特别是90年代开始,国际形势发生了重大变化。20世纪80年代中期,

---

① 梁英明、梁志明、周南京、赵敬合:《近代东南亚(1511—1992)》,北京大学出版社,1994年,第4页。

第三次民主浪潮涌入东南亚国家，"在这一次浪潮中，人类历史上采行某种民主政体的国家总数在世界上第一次占到了一半以上"①。全球性组织如联合国等发挥了重要作用，民主化、现代化和全球化冲击着世界上的每个国家，国际机构、非政府组织和新闻媒体等所有这些都侵蚀着威权主义，要求建立民主政体。

世界民主化浪潮的兴起使新加坡的治国模式受到国际社会特别是西方国家的严重指责，人民行动党对这种指责进行了反击，也在一定程度上给新加坡带来了促使其政治态势更加稳定的因素。随着经济全球化的快速发展，互联网和国外媒体在新加坡发挥的影响越来越大，特别是随着教育水平的提高，对新加坡国民的影响范围和深度都逐渐增大。2004 年，李光耀在接受美国高盛公司顾问雷默采访时指出，大众传媒，特别是互联网可能会打开潘多拉魔盒，对中国传统文化构成冲击。②意识到这一点后，以李光耀为代表的人民行动党人为避免西方的传媒可能对新加坡造成负面的影响，开始对外国媒体严加限制。在李光耀的观念中，如果给予新加坡自由毫无拘束的媒体环境，那么这对于整个国家来说都只有破坏而没有建设作用。所以李光耀认为，为了维护新加坡的国家安全和社会秩序，政府有责任和能力来限制新闻和媒体的自由，任何企图在国内散布颠覆性、分裂性、破坏性的信息都应受到禁止；作为一个主权国家，新加坡决不允许带有破坏性的外国媒体进入新加坡。③1986 年初，新加坡国会通过新闻与出版法，授权新加坡政府对未经事前听证而报道新加坡国内政治活动的新闻媒体加以限制。如《时代周刊》《远

---

① ［美］亨廷顿：《第三波——20 世纪后期民主化浪潮》，上海三联书店，1998 年，第 198 页。

② ［新加坡］李光耀：《李光耀纵论中国发展模式》，《参考消息》，2004 年 6 月 22 日。

③ Nether C. D., Asian Style Democracy, *Asian Survey*, 1994(11): 210–231.

东经济评论》《亚洲华尔街日报》《亚洲周刊》等媒体就曾因报道不实而被限制在新加坡的发行量。即便是这样,世界民主化的浪潮还是对新加坡产生了渗透性影响,主要是通过诸如世界经济交往、人员的国际化流动和互联网等渠道进行的。世界民主化浪潮对新加坡年轻人的影响更大,他们不仅对国家经济有较高的期望,也要求更多地参与。[①]这说明,在世界民主化浪潮的影响下,新加坡的政治生态已经发生了微妙的变化。在这种变化的预示下,新加坡已不可能走权威主义的道路,它将走向民主,但受儒家传统文化的影响,必将是一种精英主义的民主政治。

第二节 内部冲突:国家发展方向的抉择

从社会发展的动态进程来看,对于新加坡而言,其社会冲突的根源主要集中在两个方面:一是新加坡社会基本结构内部固有的冲突,主要表现为民族、宗教领域的冲突,"在多种族社会里,没有什么其他东西比民族对抗来得更加严重";二是新加坡现代化进程中的结构性冲突,即人们在应得权力、财富分配等领域所发生的矛盾斗争。后者产生的根源主要是由于在现代化转型的进程中,人们对自身权利、财富有了新的需求,与社会原有的利益分配体系以及既得利益者产生矛盾,引发冲突。在新加坡立国之初,这种关乎国家发展方向的内部冲突主要表现为人民行动党和其他党派之间的政见不一,以及李光耀与其他党派人士之间观点的不一致,在多次协商、交锋和较

---

① 蔡添成:《吴作栋向干部提出新经济时代党的新使命》,《联合早报》,2000年4月10日。

量之后，新加坡走上了一条由英国殖民统治下的自治到新马合并再到建立独立政府的道路。

一、从自治邦、新马合并到独立政府

1965 年，新加坡脱离马来西亚获得独立。而新加坡实现真正意义上的独立确实走过了一段曲折的路程，先是英国殖民统治下自治邦的建立，后争取与马来亚的合并，最后建立独立政府，在每一个环节的进行过程中都充满了矛盾和妥协。

第一个阶段可以称为是新加坡自治邦的建立。独立之前先与马来亚合并是以李光耀为代表的人民行动党人在综合考虑新加坡发展的历史沉淀和现实基础之上作出的选择。1955 年 7 月 25 日，新加坡立法委员会通过一项决议要求立即自治，要求新加坡总督布列克将此请求转送英国（殖民部）部长连诺克斯·波伊德。决议内容有以下四点：第一，请求立法委员会主席传达总统如下观点，即新加坡人民决定结束殖民主义，经由他们选出的代表自行统治。第二，请求英国政府采取最自由的宪法，允许民选代表合法质询（1955 年新加坡殖民地枢密院令）。该命令规定设立立法委员会及通过一项新宪法。第三，当总督依据枢密院令规定在采取行动前需与首席部长谘商时，他需依据此一谘商意见行事。第四，立法委员会宣布权力从英国转移给新加坡的时机已到，应立即制定自治的新宪法。8 月 18 日，总督致送立法委员会一份讯息称：英国政府很高兴在适当时间与新加坡各界代表在伦敦讨论宪法问题，该时间是宪法实施满一年，即在 1956 年 4 月。

1956 年 4 月 5 日，新加坡立法委员会通过一项决议，指示出席英国伦敦的代表要寻求新加坡在大英国协内的独立地位。李光耀表示:"我们甚至希望在实现自治之前,就同马来亚合并……但不幸的是,联邦首席部长不同意我们的建议……现在我们只好独自在政治上为新加坡寻求最大的进展,但我们还是会争取同联邦合并。"他又说:"代表团并不是争取(新加坡)完全独立,而是75%自治,接着五年后实现完全自治。"①李光耀持这种观点的最主要原因是他认为"在一人一票的民主制度下,华校中学生和说华语或方言的年轻工人,迟早都会给新加坡带来一个合法的民选亲共政权"。以当时新加坡的人口结构,若英国给予新加坡独立地位,则投票的结果一定是亲共的大多数华人赢得政权,届时受英文教育以及具有资产阶级色彩的李光耀等人将从人民行动党中失势,这是李光耀所担忧的。若能实现自治,则在英国的合作下,人民行动党中受英文教育的非共派尚能有所作为。

1956年4月23日,人民行动党首席部长马绍尔率领各政党13人代表团到伦敦与英国殖民部进行会谈。在谈判中,英国态度坚决,不同意新加坡的独立。5月26日,马绍尔返回新加坡后辞职,首席部长由劳工阵线的林有福继任。林有福上任后,认为如果要有所作为就必须获得总督的支持。因此,他在政治上极力讨好英国人,期望能成为新加坡未来政治的接班人,他配合英国殖民当局以武力镇压反殖民主义者。1956年12月,林有福前往伦敦参与会谈,期望能够解决新加坡今后的宪制问题。1957年3月11日,新加坡代表团再次前往伦敦。4月11日,双方达成《关于新加坡自治谈判的报告书》。1958年5月,新、英双方草拟《关于新加坡自治宪法草案》,举行第三次谈判。8月1日,英国国会上下议院一致通过《新加坡自治邦法案》,并得到英国女

---

① [新加坡]李光耀:《李光耀回忆录——我一生的挑战 新加坡双语之路》,译林出版社,2013年,第270页。

王的批准。自治法案的主要内容包括:新加坡在英联邦范围内实行自治;马来人和少数民族的利益得到平等的保障;立法议会议员由32名增加到51名,并且全部由民选产生;首席部长改为总理,对立法议会负责,部长全由当地人担任;英国取消总督,任命一名在马来亚出生的人为英王代表,有权批准法律;英国保留国防、外交、修改宪法、颁布紧急法令的权力,继续控制在新加坡的军事基地。1959年5月30日,新加坡举行立法会议选举,人民行动党赢得了51个议席中的43席,取得了胜利。6月5日,新加坡自治邦政府成立,人民行动党秘书长李光耀任新加坡首届自治邦政府首席部长。至此,新加坡成立了英国殖民地下的自治邦政府,尽管英国承诺了给新加坡自治权,但仍然在最大限度地维护自己的殖民利益。

第二个阶段是新马合并。在面对新加坡资源匮乏,寻求独立的艰难问题时,李光耀期望能通过新马合并来彻底实现新加坡的独立。马来亚地区有丰富的资源,并且已经取得了独立,如果加入马来亚联盟,新加坡在经济上就可以利用马来亚的资源并发展工业,实现工业化;在政治上,利用马来亚联盟,新加坡可以彻底脱离殖民统治。1961年5月27日,马来亚联邦总理东姑·拉赫曼提出建立马来西亚联邦的主张,包括马来亚联邦、新加坡、沙捞越、沙巴和文莱几个地区。该合并计划得到英国的支持,因为英方认为,保守的马来亚统治阶层如果在联盟中占据主导地位,将有效遏制马来亚共产党和其他左派的活动,有助于英国维护既得利益。对此建议,李光耀表示欣然接受。李光耀的考虑是:在政治上,通过参加马来亚联邦,新加坡可以尽快结束殖民统治,赢得独立;在经济上,有利于巩固和发展新加坡与马来西亚密切的经济联系,利用马来亚的原料和广阔市场,加快新加坡实现工业化的步伐。①1961 年 7 月 1 日,在新加坡举行的英联邦议会协会的会议上,新加坡、马来亚等国的代表批准了合并的原则。这是新加坡在特定的环境下为了自己的生存而采取的一项必要措施。新加坡作为提议中联邦的一个特殊的州同其他组成单位相比有更大的自治权。

由于李光耀代表的人民行动党温和派主张新马合并,而激进派在公会中宣传,新马合并不可能实现平等的联合,新加坡人民应该寻求内部的自治。1961 年 7 月 15 日,在安顺选区的补选中,前首席部长马绍尔以反对新马合并而获得左派的支持,在选举中获胜。此次失败对人民行动党打击重大,秘书长李光耀甚至提出辞去在政府中的职务,被人民行动党中央执行委员会拒绝。7 月 20 日,李光耀在立法会议中提出一项信任动议,要求对政府投信任票,以决定是否继续执政。人民行动党内 13 名议员拒绝李光耀的信任提案,投弃权票。之后,人民行动党展开清党行动,这 13 名党员退党,组成社会主义阵线。人民行动党内部矛盾激化,在 1961 年有高达 80.4% 的人退党。人民行动党在议会 51 个议席中只占 26 个。1962 年 1 月初,李光耀在立法会议中提出动议,要求以全民投票的方式决定新马合并,得到普遍赞同。9 月 1 日,90% 的选民到指定投票地点投票,其中 74% 的选民赞成新马合并。1963 年 9 月 16 日,新加坡作为一个州,与马来亚、沙捞越、沙巴联合组成马来西亚联邦,并享有教育和劳工方面的一些自治权。至此,人民行动党为新加坡选择的新马合并之路顺利完成。

第三个阶段是独立政府的建立。新马合并之后,李光耀仍是新加坡的总理,但新加坡与联邦政府之间的矛盾并没有随之消失,甚至在一定程度上更

---

① 鲁虎编著:《列国志·新加坡》,社会科学文献出版社,2004 年,第 42~43 页。

加激化了,这从根本上预示了新加坡独立政府建立的必然性。新加坡与联邦政府之间的矛盾主要体现在:在经济上,新加坡对自己在联邦内的地位和处境感到不满,它曾希望加入马来西亚联邦后能够依靠马来半岛这一广阔的腹地形成一个新马共同市场,并对新加坡的工业品进入其他各州寻找销路,但吸纳邦政府对新加坡的工业品采取了种种限制,如各州采取配额制度和高税率、非关税壁垒政策等,还试图削弱新加坡华人的势力,引起了新加坡的不满。在政治上,合并以后以人民行动党为首的新加坡州政府和由华巫印联盟主导的联邦政府之间,在国家发展方向和民族政策问题上发生矛盾。新加坡州政府主张各族平等,建立"马来西亚人的马来西亚",而联邦政府则主张建立"马来人的马来西亚"。此外,新加坡各族群都有自己的宗教信仰、文化传统和语言,经济社会发展水平各不同,加上各民族间的"母国"之间存在十分微妙的关系,相互之间易于发生冲突和矛盾,并导致与周边国家之间关系的紧张,如华人和马来人的矛盾、佛教和伊斯兰教的矛盾等。新加坡要建立"民主的马来西亚人的马来西亚"的政治要求遭到了强烈抨击,甚至一些人要求联邦政府逮捕新加坡人民行动党的领导人。在这种强大的政治压力下,为避免中央和地方之间的对立和冲突进一步加剧,联邦政府决议迫使新加坡退出马来西亚联邦。1965 年 7 月,东姑·拉赫曼在伦敦公开表达了要求新加坡退出马来西亚联邦的意愿,8 月 7 日,英、新、马三方在伦敦签署了《1965 年新加坡独立协定》。8 月 9 日,新加坡宣布退出马来西亚联邦,成立政治上完全独立的新加坡共和国。

新加坡独立后,人民行动党就成为领导并推动本国经济、政治和社会发展的主要力量。因为国土面积狭小、资源缺乏,有不少人预言,缺少资源与市场的新加坡不可能独立地生存下去。人民行动党根据本国国情,提出了以经济建设为中心的施政导向,制定了"生存第一、经济立国"的基本国策和"经济优先、民主渐进"的社会发展战略。1960 年,担任新加坡总理不久的李光耀就指出,如果有一个我们必须解决的、凌驾一切的问题,那它就是经济上创造充分发展的问题。因为只有经济的发展,才能解决失业问题,才能消除社会动乱的根源,才能为更多更好的人提供受教育的机会,才能更好地生存下去。1991 年,李光耀卸任总理后不久又根据自己 30 年来治理新加坡的经验指出:当一国领袖要努力使国家摆脱贫穷、愚昧与疾病的困扰的时候,其他一切都是次要的,"让每个人都有机会在一个稳定和有秩序的社会里取得进步并且能够在这样一个社会里过美好的生活"[①]。

二、人民行动党的两次分裂

为实现新加坡独立, 人民行动党内部在发展方向的选择上也出现了不同的声音,导致了 1960 年和 1961 年党内的两次分裂。

引起第一次党内分裂的是人民行动党的司库(政府的财务主管,相当于中国的财政部部长一职)王永元,分裂的根源在于对新加坡国家发展方向和路线的不同抉择。这一次分裂是在 1960 年 6 月间由中央执行委员、人民行动党议员和支部执行委员一起参加的两天会议中爆发出来的。会议回顾了党在一年来的成功与失败,芳林支部提出了十六点议案,在十六点议案中特别指责党内缺乏民主,指责该党越来越右倾,王永元和他的一万多名支持者还在羽毛球场对十六点议案进行了举手表决。王永元在其十六点议案中对

---

① ［新加坡］李光耀:《李光耀 40 年政论选》,现代出版社,1994 年,第 570 页。

李光耀及人民行动党进行了质疑和批判，认为新加坡在他们的带领下可能走向"左"倾共产主义，而李光耀个人在国家发展问题上过于独断专行，绝大多数党员没有发言权，缺乏党内民主。

在人民行动党方面，他们认为新加坡的发展是循序渐进的，要保持国家稳定、有序发展。他们一致认为，由于王永元的反党活动，由于他当市议会议长和国家开发部部长都是无能和不称职的，他的十六点议案只会涣散人心。领导人一致认为向公众揭露王永元"错误"的时机已到，而在王永元方面，则认识到如此激烈的冲突已经迫在眉睫，为了"掩饰"矛盾，他决定装作过分重视原则而提出这十六点议案。而党员大会完全一致地作出决议，支持中央委员会将王永元开除出党。他首先被解除国家开发部长的职务，最后被中央执行委员会开除出党，理由是他"图谋瓦解党的团结和破坏党的集体领导"①。接着他退出了议会，根据新宪法的规定，举行了第一次补选。王永元成立了人民统一党，芳林补选就成为他和人民行动党候选人易润堂之间的激烈斗争。芳林补选的结果是人民行动党失败了，这在新加坡造成了深远的影响。此时正值与英国协商新加坡和马来西亚合并计划之时，人民行动党以退出议会为借口进行威胁，一方面打击了以王永元为代表的人民统一党，另一方面也加快了新马合并的步伐。

芳林补选及其后果，马来西亚计划的宣布，促成了人民行动党内部的第二次分裂。这一次是党内温和派同极端分子之间的斗争。1959 年大选之后，左翼对许多问题越来越不满意。有些被林有福政府逮捕起来的政治犯继续在押；公民权法案的重新修订剥夺了某些左翼领袖的公民权；人民行动党对

① 冯清莲：《新加坡人民行动党：它的历史、组织和领导》，苏宛蓉译，上海人民出版社，1975 年，第 21 页。

华语教育的政策使他们感到深受限制；政府没有能力也不想去统一工会运动；最后，人民行动党企图控制为取代职工联合总会而成立的新加坡职工联合总会，同左翼闹对立。到1961年初，在人民行动党以及新加坡职工联合总会内部都发生过温和派同左翼之间的剧烈争斗。

　　林清祥在1961年2月所作的一次讲话就是人民行动党内部两个派别之间产生裂痕的一个迹象。在芳林补选期间，林清祥在一次党的集会上发言，要求左翼势力联合，他虽然支持人民行动党候选人，但他小心翼翼地并没有讲到合并问题或通过合并去争取独立的问题。以他为代表的左翼认为，由于不可能在平等条件下与马来亚联邦实现真正的合并，人民行动党应该团结人民，为实现真正的内部自治而奋斗。人民行动党奉行的是一种务实原则，尽管人民行动党以实现社会主义为其建党宗旨，其领袖也信仰民主社会主义，但当理想与现实发生碰撞时，不假思索地修正理论是其必然选择，因时制宜地将现实目标与远大理想加以区分。"它不是以主义为气派，而是以实用为导向，主要靠坚守核心价值，保持自身特质来熔铸共识，凝聚力量。"①人民行动党开始依据新加坡的具体国情，因时制宜地将远大理想与现实目标加以区分，形成了独具特色的实用主义执政理念，致力于通过方略和政策的有效性和可操作性来巩固执政的合法性。在新加坡发展方向的抉择问题上，人民行动党也是从一种实用理性出发，坚持通过合并取得完全独立。可以说，这个通过合并而取得独立的问题是造成人民行动党第二次分裂的根本原因。

　　虽然人民行动党1961年的分裂是左翼分子与温和派之间的分裂，可能这并不是马来亚共产党政策有意造成的结果。这次分裂的发生大部分是由

---

　　①　吕元礼、张彭强：《新加坡人民行动党长期执政的底气何在》，《人民论坛》，2018年第17期。

于左翼分子本身面临了两种抉择:或者赞同通过合并而取得新加坡独立的主张,或者退出人民行动党。由于不愿意接受前者,他们只得退出联合阵线。在退出人民行动党以后,左翼异端分子公开支持林清祥,谴责人民行动党领导人以通过合并而取得独立的口号来代替反对殖民主义。他们成立了一个与亲人民行动党的新加坡职工总会相敌对的组织,即新加坡工会联合会。

三、关键节点:1963—1968年的新加坡

在新加坡的政治发展史上,1963—1968 年是一个关键阶段,从 1963 年的新加坡大选人民行动党的险胜,到解决人民行动党与新加坡人民联盟之间的冲突,再到人民行动党自身的调整与转型,直到 1968 年人民行动党轻松完胜赢得了新加坡的大选,此后,人民行动党长期执政,也成就了新加坡自此以来的稳定与发展局面。

人民行动党与社会主义阵线之间的第二次重大对抗是由 1963 年的新加坡大选引起的,这可能是人民行动党历史上最严酷、最困难的一次对抗,因为人民行动党在这次选举中必须与之作斗争的那些力量,正是该党在 1959 年大选中取得压倒性胜利时所依靠的主要力量,也就是共产党人及其同情者。在这次选举较量中,尽管人民行动党凭借 46.9% 的选票获得议会的 37 个议席,但该党在投票总数上仅仅比社会阵线多出 13.6%,这样的选举结果就是斗争势均力敌的标志。1963 年的选举进行得激烈而简短,主要是人民行动党和社会主义阵线之间的斗争。人民行动党为这次大选做了充分的准备,首先表现为,在选举年初,新加坡内部安全委员会发动了"冷藏"行动,逮捕了一百多名左翼以及一些反对马来西亚的新加坡领袖。被捕者包括社会

主义阵线、新加坡工会联合会及乡村社团的领袖,还有南洋的大学生,这些人都是反对人民行动党的。其次,人民行动党的准备还包括积极方面的选举游说,人民行动党秘书长"为了保证新加坡政府的工作尽可能保持在最高成就的水平上"①,它利用新加坡总理的资格开始在 51 个选区进行游说,很显然,这种游说对人民行动党赢得 1963 年大选意义重大。再次,人民行动党争取这次选举成功的努力还包括对选举时间的掌控。人民行动党把正式选举期间(从提名到投票)限制在法定的最小时限,即 9 天以内,以便进一步加强取胜的机会。因为这一期间正好碰上 9 月 16 日公布马来西亚成立,接着就是举行庆祝典礼,实际上只剩下四个半工作日了。②而且由于大多数印刷厂忙于赶印政府有关庆祝马来西亚日的印件,反对党便面临印刷选举材料的问题。实际上,人民行动党在三个月前就在香港印好了它们的选举材料。最后,人民行动党赢得 1963 年的新加坡选举也是具备一定优势的。人民行动党在过去五年内取得了优良的政绩,如建造了大量廉价公寓,从而战胜了房荒问题;创办了规模巨大的裕廊工业联合企业,吸收了日益扩大的失业人群;办起了足够的学校,至少保证了每个儿童可以在小学里读书;填补了国库 1959 年初的亏空,并实现盈余 4 亿美元。这些政绩也为人民行动党赢得选举增添了筹码。

为了保持新加坡发展方向的话语权和决定权,人民行动党自身也发生了很大的变化,从一个极左派政党演变成了中间派,从一个最初由工人阶级创造的政党变成一个多半为中产阶级的政党了。人民行动党立场的变化体现在其在与马来亚合并主张的坚持过程中。人民行动党认为,1963 年的选举

---

① 《新加坡年鉴,1963 年》,新加坡政府印刷所,1965 年,第 5 页。

② 注:在这次选举期间里,要除去一天提名日、一天星期日、两天例假及一个半天工作的星期六。

是它所代表的马来西亚势力同包括社会主义阵线、人民统一党及人民党在内的反马来西亚势力之间的斗争。人民行动党一再告诫说,除非它得到亲马来西亚势力的全部选票,否则一直被它认为是共产党前哨组织的社会主义阵线将赢得这次选举。它指出,社会主义阵线希望"通过分散新近的公民投票中占百分之七十二的共产党人的选票而取得胜利。如果这些选票在人民行动党、新加坡人民联盟及其他党派之间造成分裂,则共产党人希望社会主义阵线正可以乘虚而入"①。这72%的选票主要是从一直采取反共政策的新加坡人民联盟处得来的。显然,人民行动党在1955年、1957年及1959年的选举中原来是极左的,到了1963年,人们已经把它认作是一个中间派,它本身也倾向于认为自己是一个中间派了。这种态势的变化有利于人民行动党代表大多数人的利益,其长期执政的根基亦愈发牢固。

在1963—1968年的关键节点时期,人民行动党与新加坡人民联盟之间的冲突进一步凸显和加剧。新加坡人民联盟包括马来亚华人公会和马来民族统一机构,人民行动党从极左到中间派这个向右转的过程中必然要同该联盟发生冲突。由于人民行动党希望以后同马来亚民族统一机构合作,②它就更加集中于对马来亚华人公会进行攻击。在马来亚华人公会方面,它们相信人民行动党第一步是努力在新加坡人民联盟中把它排挤出去,以使它们并归到马来亚联盟中,因而不得不对人民行动党采取不信任和怀疑的态度。二者之间的论战由于人民行动党决定参加1964年的马来亚大选而愈加激烈。人民行动党在竞选宣言中称:"由于马来亚华人公会的无能,人民行动党

---

① 《新加坡年鉴,1963年》,新加坡政府印刷所,1965年,第26页。

② 这源自1963年9月10日的《海峡时报》摘录了李光耀的一段话:"我的信念是:拉赫曼亲王和阿卜杜勒·拉扎克不单是在今天或下一个月,而是在今后的若干年内将同我们合作。"

必须在市区里促进反对马来西亚的社会主义阵线的斗争。人民行动党的任务是保证不使市区里的反对票成为反对马来西亚和支持苏加诺的选票。"随着选举的发展,人民行动党愈益清晰地表达了自己要取代马来亚华人公会,代表华人利益的主张,声称马来亚华人公会是"有产者"的党,而人民行动党是"无产者"的党。[①]人民行动党的领袖一再指责马来亚华人公会办事无能和不孚众望,同时又表示他们自己愿意同马来亚民族统一机构主席阿卜杜勒·拉赫曼亲王及其同僚共同合作,但亲王执意继续忠于马来亚华人公会,因而人民行动党与马来亚华人公会的冲突很快就发展成为该党同马来亚联盟之间的冲突。1964 年的马来亚大选人民行动党得票很少,这其中固然有各方面的原因,但一个不可忽视的结果是人民行动党同马来亚联盟之间的关系严重恶化,这就进一步必然影响到新加坡同中央政府之间的关系。

人民行动党与马来亚联盟之间的冲突,部分是由于两党意识形态不同所致。人民行动党起着一个城市社会主义政党的作用,它的支持力量大部分来自华人;联盟的特征是没有一个统一的思想体系,而且领导人的社会基础主要是马来贵族和华人实业家。人民行动党与联盟之间的冲突有两个方面:人民行动党同马来亚华人公会的辩论一般被认为是关于两党之间一方代表"无产者",另一方代表"有产者"的争论;而人民行动党与马来亚民族统一机构之间的冲突逐渐带上了地方自治的色彩。由于向马来亚民族统一机构当局即传统的马来人领袖们提出挑战,人民行动党被贴上了哈文主义和地方自治主义的标签。"冷战"一旦发动就很难停止,加之马来西亚团结会议的成立和随之进行的芳林补选,使得人民行动党与马来亚联盟的裂痕无法弥补,

---

① 马来亚联盟由三个政党组成:马来亚民族统一机构,代表马来人;马来亚华人公会,代表华人;马来亚印度人国大党,代表印度人。

最终导致 1965 年 8 月 9 日新加坡脱离马来西亚。

自 1965 年新加坡脱离马来西亚到 1968 年人民行动党完全赢得议会选举,新加坡的政治发展又经历了一段时间的波动和调整。脱离马来西亚后,人民行动党打算成立新的党纲,认为它作为一个中产阶级政党必须为全国的利益,而不是一个阶级的利益尽力,是为整个国家谋篇布局的党,要代表国内各方面的利益。这种理念的转型使越来越多的人加入人民行动党中来,在其赢得全部 58 个议席后又吸引了更多的党员入党。对人民行动党来说,1963 年的大选是勉强获胜的,而在 1965 年底社会主义阵线作出抵制议会的决定以来,人民行动党在国内就再也没有遇到严重的竞争局面,其敌手已经没有丝毫机会可以单独地或联合起来阻止该党以获得绝大多数选票而重新执政。1968 年大选之后,人民行动党已经成为新加坡议会中独一无二的政党。

综上,通过对新加坡独立之路的过程分析,即从建立英国殖民自治邦到争取与马来西亚的合并,再到分离出去最终实现独立政府,可以看出各政党之间在新加坡发展方向上的利益冲突与矛盾,以及最后的妥协,及至 1968 年达成人民行动党一党独大的局面,新加坡的精英民主政治渐具雏形。

第三节　观念引导:东西方的冲突与融合

历史制度主义认为,在制度形成的过程中,观念的引导发挥着重要的作用。这一点在新加坡精英民主政治的形成过程中尤为明显,因为它兼具了东西方的历史经历和文化底蕴,既有英国殖民统治期间留下的西方因素的影响,加之精英教育面向西方文化、政治、法律等方面,西方的观念在新加坡的影响是巨大的。同时,新加坡是一个华人移民占绝大多数的国家,对儒家文化的传承是与生俱来、根深蒂固的,政府也较重视儒家文化在政治、经济、文化方面的影响,加之儒家文化对政治制度的建设、政治稳定的保持和政治发展可持续性的助力作用是不容忽视的。这两种看似完全不同的价值观念存在根本上的冲突,但是由于新加坡自身地理位置、民族构成和历史背景的特殊性,东西方观念在这里得到了很好的融合,主要体现为人情与法治的取长补短、家长制与政党制的优势互补、道德权威与合法领袖的相得益彰等方面。

一、人情与法治之间的取长补短

秉承于东方社会的人情传统,影响着新加坡国家的建立、制度的设定和社会的运行,而且这种影响在新加坡几乎是与生俱来、根深蒂固的,这与其民族构成有关。新加坡是个多元社会,多元种族与多元宗教、语言、文化混合交织在一起,社区与种族团体一样,依据不同的居住人口进行区分,不同成员之间存在独特的、平行的以及非互补性的价值观和文化规范,"如果将这种特性内在化,就会产生团体内认同和团体外排斥的分裂力量"。达成共识的可能性依赖于重叠部分的多少。如果达不成共识,内在特征之间缺少共同之处,那么就有可能产生种族冲突。可以说,这种多元文化和多元种族就是一个国家发生政治骚动的根源。所以,在一国建国之初往往会考虑到要尽量减少多元文化和多元种族之间的不平等,争取建立共同的信念和规范,形成共同的价值观,这样才能使本国的国民有认同感、主人翁意识和归属感。在新加坡这个典型的多元社会,华人占了人口总数的四分之三,加上特殊的地缘政治情况，都使得国家不得不采取独特的一元化政策。这就意味着新加坡必须采取一种中庸的模式，既不亲近华人，也不迁就土著人。通过对文化和结构的整合，逐渐形成共同的价值观和国民意识，产生"我是新加坡人"的身份认同，要形成这样的身份认同，必然离不开华人占绝大多数这个历史背景。

从整体上可以说，新加坡是个华人社会，也是所谓的人情社会。在这些人群中，他们通过自己的生活环境和经历过往等结成不同的人际关系。处理事情的方式是通过各自势力的互补，相互办事以提供帮助。这主要也和传统儒家社会百姓的乐善好施等传统相关，以至于在升学、就业、升迁、做生意、拿项目等方面也习惯性地通过人情来处理，这就出现了有时候人情大于法治、礼大于法的情况。这种人情社会的最大缺点是造成社会的不公。它严重弱化了法治的功能，用所谓的"人情"来代替法治，法律的威严受损，公平正义的天平出现倾斜，会诱发社会中越来越多的不满情绪。以人情代替法治也弱化了竞争激励机制的作用，社会事务中越来越多渗入了交情、亲情、友情等人为感情因素，严重的会导致企业的管理、国家的管理，乃至社会的管理缺乏理性判断，丧失积极性和创造性，社会缺少生机和活力。这种人情社会最严重的危害在于它可能引发腐败行为的泛滥，最终导致整个社会歪风邪气盛行，风气败坏。从长远来讲，它有可能是对市场经济正常发展的一种摧残，是法治社会建设的强劲阻力，是不符合历史发展潮流的，但是新加坡并没有沾染人情社会带来的诸多恶习，最起码没有使人情社会的种种弊端成为其发展的障碍。相反，人情社会起到了凝聚人心、稳定社会的效果，这是因为新加坡做到了人情与法治之间的取长补短。

儒家思想对新加坡的影响体现在其人情社会的传承上，而新加坡的殖民历史又改变了这一单一的传承，这种结果导致西方的民主制度模式、法治传统在新加坡存活下来，还有一个不可忽视的原因是新加坡的领导者李光耀接受的是英国剑桥大学的教育，其同僚们很多也是深受英国法律的影响。当然，他在继承英国法治时作了一些适应新加坡文化的改造，这就是他强调严刑峻法的一面。当然，笔者说的法治不仅是指政府对社会的管理和秩序的维护，更重要的是指政府按规矩办事，而不是靠关系、人情和随情形办事。在新加坡有很多投资建设的项目，这些项目都靠法治下的公开平等竞争招标，没有人想要通过关系去拿项目。在公开招标中如果落选的公司对某公司中标有疑义，可以要求政府说明理由并提供可查询的有关资料。如果不是按法律规则办事和有彻底的公开竞争，新加坡这种靠政府控制资源并大量投资的国家，腐败是不堪设想的。①

　　长期以来，新加坡政府都有着鲜明的法治观念，它们明确认识到，在新加坡这个特殊的国家只有实行法治，才能从根本上保证社会的稳定，才能进一步凝聚民心、扩大认同。在法治政府建设的过程中，新加坡制定了较完备的法律体系。据统计，新加坡现行法律多达五百种，其内容涉及国家体制、民族宗教、政府权力、公民社会生活等诸多方面。另外，新加坡特别强调法律面前人人平等，更注重在法律实施过程中的官民平等。由此，通过法律制度来规范政府官员的行为，通过行政程序的简化使官员权力的形式尽可能地简单明了，杜绝一切可能的腐败漏洞，这就成了新加坡法治实施中的重点。比如说，新加坡的《政府公务人员守则和条例》中就明确规定了，国家公务人员及其配偶的财产每年都要定期向政府申报一次，申报后由国家贪污调查局进行审定，如果发现问题就会进行进一步调查，如果公务员及其家属对财产

---

① 蔡定剑：《民主是一种现代生活》，社会科学文献出版社，2010年，第256页。

来源说不清,那么他们就会被认定为贪污,最后判刑。新加坡的法治还体现在其制度运作方面,规定得很是详细周到,甚至公务员上班睡觉都能被立案调查。这样一来,如果政府官员或人民行动党的党员触犯法律,那么等待他们的将是严厉的惩罚。如此,新加坡对公职人员的违法行为就建立了非常严格的制度防范,也从根本上促成了政府的清廉高效。此外,新加坡还是世界上少数保有严刑峻法的国家,如鞭刑和绞刑在新加坡都存在,如果有人违反了社会道德和社会管理制度,不论他是谁,来自何处,都会被处以鞭刑,罪恶更深重的则处以绞刑。正如熊辉等所言,"法律的力量在于它的执行,把法律规定的惩罚措施真正严格地付诸行动,才能以此提醒人们改正自己的不良行为,并使之成为一种自制意识"①。在新加坡,守法的意识和程序的规范一样重要,甚至"违法者即使没有犯罪结果,只是依靠犯罪动机也可以定罪"②。就是通过这样严格的渠道,确保了守法护法的意识深入人心,而且也是以制度的方式将这种道德教化的成果固定了下来,这样才能真正确保社会能够在核心价值体系框架内稳定有序运行,最终促进自身的民主政治建设。

综上所述,在新加坡,人情和法治同时保留了下来,并且都发挥着各自的最大作用,二者是兼容并蓄、长短互补的,这是新加坡受东西方观念影响的典型表现。

---

① 熊辉、余国奎、谭诗杰:《新加坡人民行动党运用法治方式治理权力的经验及其启示》,《当代世界与社会主义》,2020 年第 2 期。

② 谭鹏、高金平:《新加坡文化特质的生成机制及其启示》,《桂海论丛》,2012 年第 6 期。

二、家长制与政党制之间的优势互补

家长制的原意是在奴隶社会和封建社会时期，作为家长的男子掌握家里的经济大权，所有家庭成员都要听从他的支配，它是一种家庭组织制度。后来意指最高领导者掌握群体或组织的权力。首先，家长制的最主要特征是权力高度集中。在实行家长制的群体或组织中，权力是不进行划分的，所有权力和大部分的决策权都集中在最高领导者手中，所有政治经济活动完全由最高领导者决定。其次，在家长制的社会中，组织管理有着极大的随意性。由于权力集中于家长个人手中，所以政治、经济及社会事务的决策与管理主要是依靠家长这个最高领导者的个人直觉、经验和个性，没有相应的制度和法律支撑。由于制度和法律的缺失，家长制下的社会还表现出管理没有明确分工、缺乏稳定的正式机构、组织活动混乱无序等，在出现问题时，总会出现不负责任和相互推诿的情况，导致了办事效率的低下。再次，家长制社会中任人唯亲现象普遍。因为家长制得以实施的基础是血缘关系，领导阶层是由家长、家庭和家族的主要成员构成的。在人员的选择与分配上，依靠的标准是候选之人与最高领导者的亲疏远近程度。由此而带来的后果是，人事机构臃肿、办事效率低下，能力与权威不相称，还会引起社会上怀才不遇者的严重不满，潜藏动乱危机。最后，在家长制下，领导者是终身任职的，即实行的是终身制。这种终身制的任职方式是由家长制本身的性质决定的，不可能出现正常的更换领导者的机制。当然，对于家长制也要一分为二地看待。它也有着自身的优点，如在家长制管理体制下，凝聚力很强，在一定程度上有着相对较大的稳定性。从根本上来讲，这些优势是与家长制得以实施的文化底蕴是分不开的。

通过对东亚国家政体进行分析，罗荣渠认为某种家长制的基因存在于东亚独特的权威主义政体中。从儒家仁治思想出发，认为爱民如子的政府才符合好政府的标准。"爱民如子"正是一种家长制的体现，这种家长制是一种最低标准的家长制——黎民不饥不寒，这意味着儒家思想是一种消极的发展意识。这种儒家发展思维在遭受到20世纪六七十年代的经济发展诉求，以及西方国家发展示范作用的刺激之后，开始转型为发展主义战略，强化政府权威，引导社会上下形成积极进取的精神。此外，一种国家调节的公私合作形式开始出现，这是当时东亚主要威权主义国家在社会制度不同的前提下所能体现出的共同之处。新加坡的国内情况完全不同于西方国家，因此两者的工业化道路也是不同的。西方社会的农村人口相对较多，农村的资源也比较丰富，工业化首先是从农村开始，农村逐渐由传统社会转向现代社会，并在这个过程中实现农村人口的流动。新加坡是一个资源匮乏与市场狭小的国家，况且农村面积不大，采用以农村开始现代化的道路是不现实也不符合当时的国情的。新加坡狭小的农村市场只是其内部原因，长期作为英国的殖民地历史给新加坡遗留了一种转口经济的发展方式，这也是不同于西方的一个重要方面。国内外的两种因素导致新加坡不可能遵循西方的发展模式，结合自身地理优势与国外资本的帮助，探寻一条适合本国的发展道路才是新加坡当时的时代要求。在利用外资方面，新加坡灵活运用英国的资本与技术，在本国设厂，利用本国的地理位置优势在产品的产销环节充当中介与服务的角色。这种外向型的发展模式要求新加坡必须要首先稳定国内社会的环境，因为这是成功吸引国外资本的前提与关键。鉴于新加坡选择的这种外向型经济发展模式，意味着新加坡对外依赖很严重，因而要对外部环境的变化保持高度的敏锐性,依据国外环境,特别是市场需求的变化改变策略,这种要求反映在政治上就是要有一种高效率的行政体制,高度集权的行政体制才能对环境的变化做出迅速的反应。综合来看,新加坡的这种发展模式既有先天儒家文化的影响,又有后天殖民历史的后遗症,也是新加坡追赶型经济发展的必然要求。

新加坡并没有完全采用家长制的统治和治理模式,而是将政党制与家长制完美结合在一起,这与其殖民统治的历史、重视英语教育和领导者的精英民主理念密不可分。所谓政党制是指,一个国家通过政党进行政治活动的一种方式或状态。政党制最根本的特点就是定期或不定期举行的选举,某个或某些政党参加选举,获得多数或一定数量的议席,掌握国家政权,其党的领袖担任国家的政府首脑,所在党派成为执政党。对政党制度的分类在学术界也有着不同的观点,大多把政党制度分为两党制、多党制和一党制。如果按照合法政党的数量进行划分,新加坡毋庸置疑是多党制国家,除人民行动党之外,还有 23 个合法存在的政党。而且,新加坡是定期实行选举的,只有取得绝大多数的议席才能成为执政党。由于新加坡的人民行动党自 1968 年后长期稳定在选举中获得绝大多数席位,实现了长期执政,故而学术界有人称之为一党独大制。它是竞争性多党制中的一种特殊情况,也就是说,在新加坡进入议会的政党不止人民行动党一个,但是它作为一个强势政党长期掌握政权。从理论上讲,任何其他政党都存在执政的可能性和机会,但实际上,就政党的实力和实施选举时可动用的资源而言,其他政党处于绝对弱势地位,很难打破人民行动党一党独大的局面。

新加坡一党独大制的形成也并非一蹴而就,它是和当时的历史背景及新加坡的国情密切相关的。在新加坡,出现政党的时间是在二战结束以后,当时的政党大多是打着结束殖民统治的口号而成立的，也以此来号召和鼓励人民群众的参与和支持。人民行动党成立于1954年，是新加坡历史上的第一个独立性政党。当时，人民行动党领导人观察到了日益高涨的反殖民统治情绪，采取左翼的立场，争取到了下层民众的积极支持。同时，其他各个政党也相继出现。到了20世纪40年代末50年代初，新加坡国内各政党之间还不存在竞争、选举等政党政治的特征，他们的主要任务和目标是取得民族和国家的独立。至1955年4月，新加坡举行了宪政改革后的第一次大选。在这次大选中，获得绝大多数选票而胜出的是劳工阵线，该党派和马华联盟组成了新加坡第一届民选政府，而人民行动党和进步党等其他党派成为在野党。从这一次选举直到1959年人民行动党成为执政党，新加坡的政党体制还不是一党独大制，而是萨托利所描述的"温和多党制"。1959年人民行动党顺利赢得选举，成为单独执政的政党，也从此确立了新加坡的自治地位。人民行动党上台以后，致力于从多方面扩张自己的力量，在党内逐渐清除了左翼派系的势力，确立了以李光耀为代表的主流派的统治地位；对外，人民行动党不断排挤和镇压其他在野党派。到20世纪60年代后期，新加坡基本上确立了以李光耀为代表的人民行动党一党独大的政党体制。

新加坡以其稳定的政治、繁荣的经济，特别是其为世人瞩目的廉洁政治的实践，证明了这种融合了东方家长制与西方政党制的完美结合是最适合新加坡的发展的政党制度。

三、道德权威与合法领袖的相得益彰

东方传统文化和西方观念对新加坡的影响还体现在领袖究竟是道德权

威还是合法领袖上。道德权威一般是借助政治权威发挥作用的。传统道德权威一般会借助权威对道德领域进行渗透,如封建宗法关系、礼教制度、三纲五常伦理等。政治权威出于某种目的开始将道德作为一种手段,进而达到治人的目的,这就形成了道德权威。在这种道德权威的实际统治下,统治阶级把自己所代表的利益描述成它所代表的整个国家和民族的利益。在新加坡,道德权威发挥着极大的作用,特别是在建国初期,关涉国家发展的重大发展方向抉择时,道德权威借助政治权威的力量起了关键性的作用。在西方文化传统中,权力来源的合法性基础是法治。新加坡很好地将二者结合了起来,精英人物既是道德权威,也是合法领袖,这使新加坡的领导力量更加强势,行政效率更高。

在韦伯的三种权威类型中,新加坡的道德权威既有传统权威的影子,也有个人魅力型权威的痕迹,但不是单纯的传统型权威或魅力型权威。依据韦伯的观点,传统型权威的合法性来自传统的习惯风俗,这种认同是内化于心的,是约定俗成不需要再次证明的。部落统治、村落老人统治等都属于传统型权威,这种权威往往与王朝统治的世袭制紧密联系在一起,比如沙特阿拉伯、科威特以及摩洛哥,即使是在当代的君主立宪制国家,这种传统权威因素仍然在发挥作用,比如英国、荷兰等。韦伯的另一种权威类型是个人魅力型权威,权威建立的基础是某领导人的个人魅力与感召力。这种权威发挥作用需要领导者个人魅力具有引导和召唤能力,其他个人愿意追随超凡个体。个人魅力型权威,一般在社会动荡或大变革时期会发生作用,在现代理性政治中,尽管影响力依然存在,比如戴高乐、霍梅尼、肯尼迪,但这种权威最终发挥作用还需要得到正式制度的承认,必须获得合法性,况且通过依靠个人魅力建立的权威与政体,会随着代际更替而产生动荡,只有将个人权威转化为一种持久的制度或职位权威,才能获得长期的稳定。

韦伯认为,在三种权威类型中,与现代化最为一致的是法理型权威,这种权威是建立在一定的法律程序之上的,不会因为时间的改变而发生变化。新加坡的权威类型是法理型权威,政界领导人的权威都是通过正式的法律赋予的,是具有合法性的。基于新加坡特定的国内环境与殖民历史,在法理型权威的身上也能发现具有浓厚的个人魅力和较强的个人能力。最终由宪法授予,加上制度规范,也可以限制、约束和监督官员的行为,这种法理型权威是寄托在规则、程序和制度之上的。如果说一个官员的行为超出了法律给予其行为的界限,人们就可以根据法律选择不服从。新加坡的法理型权威具有更强的执行力,也受到更多制度机构限制和约束,如中央公积金制度、反贪局等,是一种有限政府的统治。它也不完全等同于马克斯·韦伯划分的法理型权威,因为韦伯将正义、真理等价值问题排除在外。新加坡做到了一种融合既强调道德上的价值安排,又尊重法律制度的约束保障。正是这种道德权威与合法领袖的相得益彰,使得新加坡在价值理念上做到了东西方的最优结合,适应了自身特殊的地理位置、民族结构和历史传统。东西方的观念在新加坡得到了很好的融合,对与生俱来的儒家传统的选择性继承,对西方优秀文明成果的吸收性借鉴,对人情与法治、家长制与政党制、道德权威与合法领袖取长补短,兼容并蓄,共同形成了新加坡政治发展过程中的价值观念,在这种观念的引导下,新加坡的精英民主政治逐渐形成。

第四节　精英推动:统治精英、权力精英与社会精英

任何一个国家政治制度或发展模式的形成与变迁，都离不开本国精英人物的积极推动。对新加坡这个高度重视精英，且一直践行精英治国的国家而言更是如此。可以说，在其精英民主政治的发展过程中，精英的推动起着核心的作用。由于精英身份特殊并具有广泛的影响力，所以很难以定量分析的方式设定一个标准用来计算某个人或某个群体是否属于精英，但可以肯定的一点是，不论任何时期和任何国家，对于精英的界定都是由该国的发展需要决定的。在新加坡，精英概念是由国家工业化、现代化的具体历史决定的，并随着时代的发展而有着越来越高的要求。在李光耀看来，精英大体分为三类:上层的统治精英、各领域掌权的权力精英和对社会有贡献有一技之长的社会精英。正是这三种精英人物推动着新加坡精英民主政治的形成。

一、上层的统治精英

精英理论的代表人物莫斯卡将人类社会划分为两个阶级，即统治阶级和被统治阶级。他认为，人类社会的政治权力"总是由特殊的阶级或是被有组织的少数人行使"[1]。这个少数人群体就是他所划分的统治阶级，在统治阶

---

① ［意］加塔塔·莫斯卡:《统治阶级》，贾鹤鹏译，译林出版社，2012 年，第 400 页。

级中间也存在一个精英群体,他们在能力、素质、知识等方面都比其他人更优秀,因而他们掌握着更多的权力。莫斯卡是以阶级为标准来划分精英的,他一直认为在人类社会中存在少数人占绝对优势的统治阶级对多数人的统治。李光耀也认为,在新加坡同样存在一个统治阶级,这个占少数的统治阶级同样也行使着对社会上多数人的统治。而李光耀不同于莫斯卡之处在于,他认为新加坡的统治阶级不是以阶级作为划分标准的,只是这些人在国家和社会的发展中起了统治多数人的作用而已。李光耀所说的少数人就是国家的基本公务人员,他认为这些人拥有独特的素质和眼光,他们掌握着新加坡整个国家的命运,"一个国家能否在进步中团结坚强起来,或者在混乱中支离瓦解,衰败堕落,都全由他们来决定"①。他认为,在发展中国家,急需建立一个良好的行政系统,更加需要一个优秀的政治领导者,他对国家的存亡发展至关重要。基于此,新加坡对这群少数人的要求也非常高,"他们必须具备最好的素质,也就是廉洁的作风、献身的精神、领导国家的能力、良好的人际关系和办事能力"②。上层精英的作用体现在两个方面:作为执行者,要求精英负责制定执行国家政策;作为动员者,要求精英通过向民众解释政府推出的政策进而动员民主政治参与热情。这些少数精英人群形成了新加坡政治和社会发展的一个核心,他们具有一种国家利益大于个人利益的直接意识,是新加坡精英中的精英。李光耀高度重视这些精英的作用,甚至曾说,如果没有这些精英的作用,新加坡将会无法走向成功,而人民也会遭受痛苦和磨难。

基于这种对精英的定位和认识,新加坡在精英的培养和挑选方面都严

---

① [新加坡]李光耀:《李光耀40年政论选》,现代出版社,1994年,第138页。
② 《重新巩固基层根基》,《联合早报》,1991年10月4日。

把质量关。以公务员为例,"新加坡重视挑选、培养公务员的做法也是很少见的。政府会找各行业的优秀人才让其加入公务员的队伍。对进入公务员队伍的人没有统一考试,但要进行高难度综合心理能力素质测试,要回答上千道问题。为把优秀的大学生吸收到公务员队伍,政府在大学里设立了'总统奖学金'和'武装部队奖学金'等各种奖学金,对获得这些奖学金的优秀学生,根据政府的需要,帮助其完成学业,有的送出国留学。受政府资助的优秀学生,条件是毕业后当公务员,为政府服务若干年后才得离开"①。

通过一些重大事件选拔和考验精英是李光耀的一贯作风与观点,也是他选人用人的核心宝典。比如对第二任总理吴作栋的选拔就是遵循了这一原则。他在卸任总理后给自己这样的评价,说"我觉得我已经做到了我所能做到的,那就是网络最能干、最坚强的人来领导新加坡"②。当然,李光耀所做的事情绝不仅仅是这些,但毫无疑问的是,他选择的这批最坚强、最能干的人组成了促进新加坡稳定团结,飞速发展的领导团队,促进了新加坡精英民主政治的形成并全力推动其向前发展。

二、各领域掌权的权力精英

对于精英的考察一直有不同的判断标准,拉斯韦尔给出了高度和素质的标准,米歇尔斯则根据现代社会现实状况回答了精英的判断问题。他认为,传统划分精英的阶级思想已经僵化过时,应在不同权力范围内对谁是精英给出新的回答。米歇尔斯认为:"精英就是具有某种高等地位能够影响大

---

① 蔡定剑:《民主是一种现代生活》,社会科学文献出版社,2010年,第258页。
② 《搜罗栽培精英分子》,《联合早报》,1982年11月15日。

多数人的人群。"①这种精英群体并不一定对社会行使着政治统治权,他们是社会各个方面最有权势的少数派, 主要包括对国民经济有着重大影响的巨型企业的拥有者、政界最有影响力和决策权的政客和领袖以及军队里握有重权的高级将领。②在新加坡,这种精英群体就是各个领域中掌握着权力的重量级人物。

在新加坡,各个领域掌握权力的精英都很受重视。用李光耀的话来说,这些分布在政府各部门、社会各种事务、各公司中的高层负责人就是该领域的权力精英。他们担负着贯彻国家和政府的政策方针的任务,在各个行业做出成绩,共同推动社会的发展。这些各行各业的权力精英大多受过良好的教育,爱岗敬业,忠于职守,养成了廉洁自律的习惯,而且能在其所在领域出类拔萃,公正高效办事,按时完成预定目标。这些权力精英的优势不仅仅在于自身可以把任务完成得漂亮, 更重要的在于他们会把身边一些能干的人集中起来,组织形成一个团队,发扬集体意识。他们都是十分能干并且能带动别人发挥才干的人。爱才而不忌才,都希望能和有才能的人或是比自己更有才能的人一起工作。李光耀曾经发出感慨,"坚强而又能干的人才,也就是重量级部长人才,少之又少,可遇不可求"。这类"重量级精英"在推动政府政策实施方面发挥着重要的作用。

新加坡部长吴作栋在20世纪八九十年代作出一项重要决定,将雇主的公积金缴交率削减15%。依据新加坡的中央制度规定:公积金局的会员必须按照一定比例上缴公积金,并以月为单位统一存入上缴者名下,这在实质上是对雇员的一种补助。公积金的最高缴交率是1984年的25%。由于新加坡

---

① [美]米歇尔斯:《权力精英》,王昆、许荣译,南京大学出版社,2004年,第2页。

② [美]米歇尔斯:《权力精英》,王昆、许荣译,南京大学出版社,2004年,第371页。

在接下来的一年里出现了经济衰退,国家调整了雇主的公积金缴交率,以帮助其恢复发展,从 1984 年的 25% 下调到 10%,但雇员的缴交率并没有发生变化,同时还实行工资节制的政策。吴作栋在提出刺激经济发展的措施方面,并没有让新加坡元贬值,因为后者会导致雇员的消费力减弱,公积金存款贬值,会带来一系列的问题。以吴作栋为代表的权力精英为了让工人接受降薪已达到保持新加坡市场竞争力的目的,做了大量的工作。由此可以看出上层精英在国家关键时期所发挥的作用。

因此,社会各方面有决策权和影响力的精英在推动新加坡的精英民主政治建设过程中的作用是不可忽视的。

三、有一技之长的社会精英

精英主义一直认为历史是由少数精英人物主宰的,这一观点遭到了很多批判。随之出现了一种群体精英理论,也就是说精英不光是在一个层面上的掌权者,更包括社会领域有一技之长的人群。群体精英在一定程度上和民主理念及其制度在现代社会确立共生,拥护此观点的学者认为"并不存在一个精英阶层,而是有各种层次,它们共同组成了精英"[①]。

在新加坡,精英当然也不仅仅是那些"站在幕前"统治新加坡的少数人,以及"实施计划"在各个领域发挥重要管理作用的人。李光耀眼中的精英是指那些受过良好教育与训练的人,这些精英愿意为国家社会的发展付出一切,精英不局限于政治精英,也就是所谓的"专才"。一种是"知识型专业精

---

① [意]帕累托:《精英的兴衰》,刘北成译,上海人民出版社,2003 年,第 64 页。

英",他们受过良好、高深的专门教育,具备某种特殊的专业知识和技能,能够对科技、教育、金融以及社会经济发展起重要作用,是推动新加坡工业化和现代化的重要力量。随着经济的发展,各种专业人士的需求量越来越大。如果没有一支源源不断的高素质的专业人才队伍,新加坡就不会有今天的成就。所以,李光耀对此精英一直予以关注,认为,"仅仅满足于国家已经没有文盲是远远不够的。必须让人民掌握现代的科学技术,具有高度的文化水平,具有进取的素质,具有推动力,具有预先采取经过思考而有计划的冒险能力。否则一个国家就只能是外国资本的附庸,只能永远是提供廉价劳动力的场所,只能在经济上永远落在后面,受他人的操纵"①。另一种是"技术型专业精英",他们是学有所长、有一定的专门知识和技能、能够熟练地从事某种操作性工作的人。这种人,既包括各种从事事务性的工作公务员,又包括在社会各个领域尤其是生产领域直接从事某种工作的人。他们是社会劳动者中的大多数,一般都受过中等技术专业学校的培养,有一技之长,或者受过某种特殊的培训,能够有效地完成工作任务。除此之外,凡是在社会发展中所需要的种种特殊岗位和技艺,经过一定的训练能够胜任或者起模范榜样作用的人,在新加坡均被列入此列,都会受到重视。

正是有了这些占据了社会绝大多数的群体精英,他们是掌握科学技术的群体精英,遍布于新加坡建设的各角落。他们掌握着一定的技术,有着自己的价值取向,能够理性表达自己的利益诉求,在促进新加坡精英民主政治形成的过程中发挥着纽带作用。

---

① 知二:《人才治国——李光耀的谋略精髓》,《人才瞭望》,1998 年 3 月。

第四章　新加坡精英民主政治的结构

第一节　制度基础：新加坡的国会与政党制度

一、新加坡的国会

　　新加坡国会的产生与其殖民地的历史密切相关，新加坡在 1824 年成为英国的殖民地，到 1942 年时又有一段被日本占领的时期，1945 年后重新置于英国殖民统治之下。此后，新加坡国内人民的民主意识逐渐觉醒，他们要求在政府活动和事务中有更多的渠道表达自己的利益诉求。英国殖民当局迫于压力而让渡了制宪权，成立了政治咨询局，该局既包括官方人士，也包括非官方人士。1947 年，政治咨询局改名为行政委员会与立法议会，并规定立法议会中的六名议员必须要通过投票选举产生。至此，新加坡国会制度初见雏形。

新加坡的国家政体属于议会共和制，原则上在国内实行立法、行政、司法三权分立的制度，实际上立法和行政机关并不是完全分立的。新加坡的立法机关包括总统和国会，总统和内阁组成行政机关，内阁对国会负责，接受国会监督。当然，新加坡的司法是独立的，其独立性受宪法的保护。在新加坡，国会的地位是标志性的，因为国会是各个政党政治活动的舞台，他们都会争取一切可能的机会进入国会，一旦进入，他们就拥有了可以影响政治生活的权力。作为立法机构，国会采取的是一院制，也就是说没有上下议院之分，只有一个统一的议会机构。国会的组成人员包括议长、内阁、国会领袖、议员和政务次长，每届国会议员的任期是五年，包括民选议员、非选区议员和官委议员。国会可提前解散，大选须在国会解散后三个月内举行。①

新加坡国会的职权主要包括立法权、决定权和监督权。其中，立法权是国会最基本的权力，包括法律的创制权和讨论、修改、通过或不通过相关法案的权力。而且，议会立法的范围是不受限制的，从宪法到普通法法律，议会都有权制定或修改。议会的决定权是指决定国家重大政策部署的权力，比如制定国家社会经济发展战略与计划，批准对外缔结的一切条约，批准对某些官员的任命，确定人才与技术开发政策等。新加坡对议员候选人的要求是非常严格具体的，如国会议员的候选人必须是新加坡公民，要求年满21周岁，还有具有熟练的语言能力，要至少会书写英语、马来语、华语或泰米尔语中的一种等。在新加坡，议员选举的投票是秘密的，而且是强制执行的，由全国

---

① 《新加坡国会》，中国人大网，2011年6月13日。

12 个单选区和 15 个集选区①的公民选举产生。本届国会是 2020 年 7 月 11 日选举产生,现共有议员 103 人。其中民选议员 92 人,包括人民行动党 83 人,工人党 9 人。另有非选区议员 2 人,官委议员 9 人。②

国会议员的选举一般分为三个步骤:第一步是选民登记,也就是选民的注册。负责选举注册的是由负责选举事务的部长任命的选举等级官和选举督察,他们在必要时可随时任命必要的职员和翻译。一个选民只能在一个选区登记。选举时,选民不在所登记的选区投票将被视为犯罪。第二步是候选人提名。任何根据宪法规定具有当选议员资格的人均可被提名为候选人。每一个候选人都要通过提名书提名,在被提名时,要向选举督察提交一份单独做出的能证明其具备参选资格的书面声明。候选人要在选举令发布之日到提名日中午 12 点之间,向选举督察或由其授权的其他人交付相当于议员上一历法年度津贴总额 8%的按柜金。候选人如果没有当选,且得票数未超过参选选区总投票数的 12.5%,或者集选区中候选人小组的得票总数未超过参选选区投票总数的 12.5%,按柜金将被没收并缴入统一基金。第三步是竞选活动。如果一个选区只提出一名候选人或一个候选人小组在该选区参选,选举督察即应宣布提名的候选人或候选人小组当选,并在政府公报上公布,这种选举在新加坡就叫"不战而胜"。如果在一个选区提出一名以上的候选人或一个以上的候选人小组,则须进行竞选。选举督察在政府公报上公布竞选的选区,投票在公布之后的时间内进行。这种选举在新加投票是强制性的,每一个选民必须在其所登记的选区投票。未出席投票的选民可以向选举登

---

① 集选区候选人是指一个选区内以 4 至 6 人一组参选,其中至少一人是马来族、印度族或其他少数种族。同组候选人必须同属一个政党,或均为无党派者,并作为一个整体竞选。相对的,参选人 1 对 1 的选取成为单选区。

② 《新加坡国家概况》,中华人民共和国外交部网站,2022 年 7 月。

记官提出恢复选民登记的申请。如果申请人有足够的理由证明自己未参加投票的原因,将恢复其选民登记并不予以惩罚。如果申请人不能向登记官证明原因,他必须向登记官缴纳 5 新元罚金才能恢复登记。

另外,关于国会议员的选举,新加坡还有着明确的选举代理和选举费用的规定。这本身既是民主政治的一种表现,同时也为民主政治的顺利发展奠定了制度基础。

二、新加坡的政党制度

新加坡是一个实行议会内阁制的国家,虽然形成了人民行动党一党长期执政的局面,但在法律上是允许多党并存的。在新加坡,除人民行动党外,还有许多个政党合法存在。在这样一个多党竞争的环境之中,新加坡人民行动党必须要赢得五年一次的议会大选,获得议会多数席位,才能最后组成政府,处于执政地位。1959 年以后,新加坡长期保持人民行动党单独执政的局面,人民行动党一直是国会中最大的和单独组阁的政党。

新加坡法律规定,5 人以上可以组成政党。根据中国外交部网站的统计,目前已注册的政党有 30 多个,主要有:人民行动党、工人党、新加坡民主党、革新党、新加坡民主同盟、国民团结党、新加坡马来国民机构等。其中,工人党创立于 1957 年,主张和平、非暴力的议会斗争,主要成员为工人。1981 年起,在大选中数次赢得议席。2020 年大选中获 10 席(后有 1 人辞职)。新加坡团结党自 1987 年 3 月成立以来一直保持着良好的道德声誉,该党派紧密关注公众的需求,提倡民主,为社会发展提出建设性意见,积极推动建立多党制。新加坡民主党由律师詹时中创办,主张反对党联合起来,试图打破人民行动党单独统治的政治格局,在中上层知识分子中有一定影响。革新党成立于 2008 年 7 月,由"反对党之父"惹耶勒南创立,该党提倡建立开放、自由的市场经济模式,认为政府的工作应该提高透明度和责任感,为广大的普通民众谋福利,提高人民实际收入和生活质量,致力于将新加坡建成一个以人为本的多元化和民主化的国家。新加坡人民党成立于 1994 年 11 月,其理念是以新加坡长远利益为核心,致力于在新加坡建立议会民主政体。新加坡民主联盟成立于 2001 年 5 月,它以人民党为主,包括国民团结党、新加坡马来民族机构及新加坡正义党等,目的是顺应选民要求,促成一个团结而有效的阵营与执政的人民行动党较量。新加坡马来国民机构的执政理念是保证和实现宪法规定的新加坡马来人所享有的权利,保存现有的马来村落,促进新加坡各民族的亲善与和谐,要为所有的新加坡人争取更多的权益。

谈及新加坡的政党制度必然离不开新加坡人民行动党。人民行动党成立于 1954 年 11 月,自 1959 年大选后,人民行动党一直是新加坡的执政党,李光耀连任 8 届总理。20 世纪 60 年代初,由于人民行动党内部在政策、党内民主等方面的分歧,分裂为两派。李光耀主张"非共""非暴力",实行议会民主。以林清祥、方水双为首的另一派退出人民行动党,另组社会主义阵线(社阵)。1959 年的大选在新加坡政治史上具有划时代的意义。人民行动党在大选中击败执政的劳工阵线,获得 53.4% 的选票,在 51 个议席中取得 43 席,从而成为执政党,开始一党长期执政。1963 年大选是人民行动党历史上极为困难的一次大选。因为大选之前的 1961 年,人民行动党发生了严重分裂,许多骨干因政见分歧而退出,另起炉灶,成立社会主义阵线,这次分裂使人民行动党受到严重削弱。虽然 1963 年选举"人民行动党以 46.9% 的选票赢得 37

个议席，但就投票总数来说，人民行动党比社会主义阵线只多出 13.6%"[1]。接下来的 1968 年、1972 年、1976 年和 1980 年的四次大选中，人民行动党均赢得全部议席。直到 1981 年，工人党在议会补缺选举中获得一席，才打破人民行动党长期独霸国会的局面。从 1984 年到 2006 年的大选，反对党在国会中的议席数不超过 4 个，能够获得席位的也只有新加坡民主党、工人党、人民党等少数几个党。1990 年 11 月，吴作栋接替李光耀成为新加坡的第二位总理，1992 年他又出任人民行动党秘书长，标志着人民行动党完成了第一轮的"自我更新过程"[2]。2004 年的 12 月，李显龙接替吴作栋出任人民行动党秘书长，并在 2006 年的大选中带领人民行动党取得胜利，这标志着以李显龙为首的新加坡第三代领导人开始登上政治舞台。2010 年 4 月，国会通过宪法修正案，将非选区议员的人数增加到 9 人。这说明政府还是给予了反对党一定的生存空间。2011 年 5 月的第 16 届新加坡国会选举更具有里程碑意义。这是新加坡独立以来最多候选人参加角逐，也是最多选民参加投票的一次大选。在 2015 年的选举中，人民行动党获得 89 个议席中的 83 个，工人党获得 6 个议席。在 2020 年新加坡第 13 届国会选举中，人民行动党获得 93 个议席中的 83 个，主要反对党工人党获得 10 席。除新加坡人民行动党外，新加坡工人党、人民党、革新党、民主党、国民团结党和新加坡民主联盟六个反对党也参加了选举。五年一次的国会选举更有力地证明了，新加坡在走一条民主的道路，而且是越来越成熟，这也说明某些认为新加坡是权威主义国家的论断在现实面前是站不住脚的。

---

① 冯清莲：《新加坡人民行动党——它的历史、组织和领导》，苏宛蓉译，上海人民出版社，1975 年，第 34 页。

② 鲁虎编著：《列国志·新加坡》，社会科学文献出版社，2004 年，第 72 页。

人民行动党之所以能够长期执政，是因为它们摸索出了一套符合新加坡实践和国情的执政理念。这套理念遵循以"诚实立党、精英主义、多民族平等和睦主义和自力更生"为核心价值基础，把新加坡的内部具体国情和外部国际环境结合起来，其政党的理念就以国家利益与民族团结至上，其发展理念是经济发展优于民主政治，好政府与强政府并重。这三个方面的坚持是相互联系的：国家利益至上和民族团结和睦的结果形成了人民行动党的政治权威，逐渐确立了人们对新加坡的政治认同和民族认同，保证新加坡的政治稳定；"好政府"与"强政府"使人民行动党及其政府能够获得国民的信任和支持；经济发展优于民主政治使新加坡保持了较低的政治参与下的经济快速发展。三种理念协调运作，最终使新加坡形成了政治、经济、社会协调发展的局面。①由此，一党独大制更具生机与活力，是新加坡政党制度的一大特色与优势。

三、小结：新加坡制度建设

1959 年，新加坡人民行动党开始独掌政权，直到今天仍然是新加坡唯一的执政党。在实现一党长期执政的同时，新加坡还做到了与民众之间的良好互动以及为世人所瞩目的高效廉洁政府，这一切都与新加坡重视制度建设密切相关。

新加坡实行的是内阁议会制，人民行动党在多党合法存在并允许竞争的政治生态下，要想取得执政地位，只有一个途径，那就是赢得五年一次的大选。从当下的情况来看，新加坡国内不存在任何一个可以和人民行动党单

---

① 孙景峰：《新加坡人民行动党执政形态研究》，人民出版社，2005 年，第 116 页。

独相抗衡的政党，没有谁能够挑战其执政地位。即便如此，人民行动党要想赢得选举也绝非轻而易举之事，要受到选举制度的约束。这样的选举制度的存在，就意味着人民行动党要定期接受人民的评判、检验和监督，这是长期形成的一种制度的安排。由此，人民行动党如何治理国家、选拔人才、创办教育等都直接反馈在人民的意见之中，这种反馈的有效性与合格率是由人民手中选票的多少决定的。每一届政府干得怎么样，是否真心为民切实行动，党风如何，政绩怎样，人民是否得到了实实在在的好处，在多大程度上人民是满意的，通过选票就能反映出来。实质上，选民的选票已成为民众对人民行动党信任不信任、支持不支持的一张晴雨表，同时也是人民行动党能不能继续执政的通行证。①新加坡人民行动党要拿到这张通行证已经付出了极大的努力，在以后也将继续付出极大的努力。

从新加坡的选举来看，新加坡的制度建设是成功的。人民行动党及其领导人都在致力于建设一个好政府，而这个好政府的根本目标在于要保护好人民，让人民过上美好的生活，这个目标是长久不变的。在选举制度的压力下，人民行动党时刻保持着一种危机和忧患意识，从不居功自傲、自满懈怠。要得到人民手中的选票就必须"为人民而行动"。对人民行动党而言，得票率的高低是全党最大的事情，每一次选举之后，如果得票率比上一次降低了，那么全党必须做出认真分析，从多方面查找原因，及时采取措施加以纠正，调整政策，进一步完善相关制度，为更好地服务民众做准备。以20世纪80年代为分界线，之前的选举，人民行动党的得票率都保持在70%以上，而之后呈现了逐年下降的态势。人民行动党针对这一情势进行了分析研究，把造

① 姜跃：《密切联系群众重在制度建设——新加坡人民行动党的经验之谈》，《学习时报》，2013年10月14日。

成这种局面的主要原因归结于未能照顾和满足越来越多的青年民众的需求。青年民众,特别是受过高等教育的青年人,对人民行动党强硬的执政方式越来越不满,他们更多地在追求自己的自由和参与的权利,希望有更多的协商参与,有更多的机制和其他形式可以对人民行动党进行制约和监督。为了回应民众的这种需求,人民行动党开始调整自己的政策方针,从作风和执政方式上做出相应的调整和改变,逐渐从强力铁腕统治转向温和式的统治管理,建立了一系列的亲民机制,拓宽了民众参与政治的途径。正如李光耀所言:"任何制度都得不时检讨,没有一项制度可以长久执行。情况会改变,而一些制度的弱点被人过度利用,你必须检讨。你不能说这是长久有效的普遍原则。"①正是通过这种对民意的积极回应和及时的政策调整,新加坡人民行动党得到了民众的谅解和继续支持。在李光耀及其领导的人民行动党带领下,新加坡的制度建设渐趋完善,让全世界都看到了"一位华族领袖和他的儒家子民可以通过团结精神,把治理国家的工作做得跟任何人一样优秀,比大部分都来得好,可能比任何人都好"②。

尽管外界对新加坡的制度建设颇有微词,但毋庸置疑的是,新加坡的制度建设所取得的成就是为国内民众所认同的,它既提供了民意表达的畅通渠道和民众参与政治的诸多途径,代表了最大多数人的利益诉求,也促进了执政者的自我约束和完善,形成了有效的纠错机制。可以说,正是新加坡的制度建设为其健康持续发展提供了源源不断的动力。

① [美]汤姆·普雷特:《新加坡建国之路:李光耀对话录》,张立德译,现代出版社,2011年,第194页。

② [美]汤姆·普雷特:《新加坡建国之路:李光耀对话录》,张立德译,现代出版社,2011年,第232页。

第二节　法治基础：新加坡的法律体系

新加坡的法治基础在于它有一个兼容东西方优势和特色的法律体系，即按照本国的价值观对西方的法治进行改造。新加坡在独立以后，加快了法制建设的步伐，因为"法制能确保国家的稳定性及可预测性"①。鉴于儒家思想对新加坡的影响，在吸收西方法治思想的基础上，依照本国的共同价值观对西方的法治进行改造，力求在传统文化与西方法治之间达成一种融合，形成本国特色。如今的新加坡是一个社会安定和井然有序的法治国家，同时也形成了独具特色的新加坡法治模式，推动了经济和社会的全面协调发展。

一、新加坡独具特色法治体系的形成

新加坡法治体系形成最关键的外部因素是英国殖民统治的影响。新加坡自 1867 年开始便是英国的直属殖民地，由伦敦殖民公署直接进行管辖。由此，英国的教育方式、价值理念等开始渗透新加坡发展过程中的每一个环节，包括英国的法律体系，这为其走向法治之路提供了可能。新加坡的青年人不同程度地受到西方教育的熏陶，西方价值观在其内心不断深化，西方的法治传统也潜移默化到他们的思维之中。这些人在学习和接触西方法治方式与法律体系之后，对法治的作用有了较大的认同，主张社会的发展离不开

---

① 李光耀口述，格雷厄姆·艾莉森等编：《李光耀论中国与世界》，蒋宗强译，中信出版社，2013年，第106页。

法治的指导、监督和保障,这为新加坡最终走向法治奠定了大众化的社会基础。英国殖民当局为了维护自身的统治,根据英国的法治传统对新加坡进行管理, 这种自上而下推广法治的渠道使得法治在新加坡迅速推广开来。当然, 为了更好地治理新加坡,英国殖民主义者也针对当时新加坡的具体状况,如人员构成、种族成分、教育程度等,制定了许多法律法规,一方面有利于英国殖民统治的顺利进行,另一方面,对新加坡而言,这些法律法规奠定了早期新加坡法治体系的雏形,产生了积极影响。正如李光耀经常说的,是"英国人给我们留下了很好的法律体系"。虽然他是反对英国殖民主义运动的领袖,但在自治政府成立之时,他并没有把英国的法律制度全盘否定。因为李光耀曾经接受过西方的教育,深知英国法治是在长期实践和不断修正的过程中形成的,它已经在新加坡社会很好地生存了下来,并逐渐显示出其优越性。在法治社会建设的过程中,新加坡可以拿来英国遗留的法治传统,结合自己的国情及发展情况进行适当的改造, 最终建成并不断完善自身的法律体系。

就国内因素而言, 在新加坡法治社会体系的形成过程中起决定性作用的是新加坡国内现实的冲突与矛盾。作为英国的直属殖民地,新加坡仍旧处于饥饿与贫困之中,新加坡人民希望有所改善,他们一直"盼望着社会实行真正的法治,盼望着法治社会能给他们带来正义和平等"①。1959 年,新加坡自治邦成立。自治之后,新加坡面临社会经济等多方面的挑战:种族冲突不断,社会处于无秩序状态;经济不景气,失业率居高不下。1960 年 4 月,新加坡有失业工人 4.5 万,25%的人口生活在贫困线以下。另外,由日本占领时期遗留下来的色情文化亦日渐泛滥,居民居无定所,居住环境脏、乱、差等现实

① 赵莉:《新加坡法治模式探析》,山西大学硕士研究生学位论文,2005 年。

问题严重阻碍着新加坡的发展,也从根本上呼唤新加坡法治体系的形成。

新加坡法治体系的形成离不开精英人物的引领,特别是以李光耀为代表的政治精英。李光耀曾就读于英国剑桥大学,也长期从事法律相关工作,他积极强调建设法治社会的必要性。西方的教育影响着李光耀的观念,他认为法律体系的形成需要遵守一定的法制建设规律,不能仅仅依靠个别人的主观观念去构建法律与法规。在 20 世纪 60 年代初,李光耀又根据实用主义和理性主义的原则进一步阐述了新加坡的法制观,从实用主义出发,李光耀认为,法律制度的评价不在于其伟大的应然诉求,在于主要看其实用性,即该法律是否能够在社会中建立一种良好的秩序,与亨廷顿的观点一样,在后发展中国家,秩序与稳定是首位的,这在新加坡同样适用。因为"没有秩序,法律根本就不可能执行。秩序已经建立,在一个基础稳固的社会中,法令也就有了强制性,唯有在这种情形下,依照既定的法律处理人民与人民及国家与人民之间的关系,才成为可能。同时,当一个国家内部日益混乱,当局不能借现行法令有效控制之时,为了维持秩序,往往就必须制定新的,有时候却是激烈的法令,以使法律能继续处理人际关系。而另一种选择是,放弃秩序,任其进入混乱及无政府状态"①。

李光耀认为,法治社会的真正建立,必须依靠一种强制手段打击那些破坏性的势力,这种观点也与亨廷顿的强大政府理论不谋而合,这也是日后新加坡推进严格社会管理的重要依据。新加坡建立法治社会的先决条件是利用非常手段建立政治秩序和维持政治稳定,但并不能就此说建立政治秩序和维持政治稳定就是新加坡法治社会的全部,不但不能说是全部,甚至不能

---

① [美]阿历克斯·乔西:《勇往直前的李光耀》,台湾新生报社出版部,1970 年,第 71 页。

说它是大部。法治社会主要是指以法治国,是全体人民都要按照国际上公认的法律标准来规范自己的行为,因此它是面向大众的,它主要是对大众的一般的社会生活进行规范和约束,而不是镇压。①

在实行立法从严的同时,新加坡也逐步完善其司法制度。1992年杨邦孝法官对新加坡的司法制度进行了重大改革, 比如收取初级法院与高级法院的听审费,设立永久性最高法院的上诉庭,死刑案由一位法官审理,等等。这些措施提高了新加坡法律制度的效率,并为诉讼者节约了金钱和时间。同一时期,新加坡的立法机构制定了《英国法适用法令》,该法令也适用于习惯法,但是当该法令与本地法不一致时,要以本地法为准。与此同时,新加坡最高法院还特别规定了英法、成文法的应用程度与范围,这些都是从新加坡的实际情况出发来制定的,做到了本国法律适应本国国情,而不是照抄照搬英国的法律法规。

二、新加坡法治模式的特点

在构建法治社会的过程中,新加坡将理论与实践相结合,一方面坚守法治的普遍性,另一方面还做到了法治精神与本国实践的合理结合,将英国遗留的法律框架和本国的观念传统相结合,创新了新加坡的法治模式。

(一)严明且严密的立法

新加坡立法众多,但涉及的内容和范围是明确具体的。新加坡严明的立

①　毕世鸿编著:《新加坡概论》,世界图书出版公司,2012年,第219~220页。

法就体现在它对事务的规定非常明确，在判断是与非、罪与罚的标准上清晰明确，界限清楚。对于某种行为是否违反了法律，违反了哪种法律，应给予什么样的惩罚这些问题都是一目了然，有明确参照答案的。立法的严明也促进了执法的相对公正，因为在严明的立法面前，执法者必须按照法律的明确规定办事，几乎没有个人感情用事的空间。例如，一般违反交通法规的案件，一个法官一天可以审结 500 多宗。新加坡用最低刑法限制法官权力的任意性，这种最低刑法的适用范围是逐渐扩大的，从最初的针对贩毒事件，到后来的杀人、抢劫、偷盗等诸多犯罪活动，都是在最低刑罚的使用和管制范围内的。如一个年轻仆人应主人的要求在中午吃饭时带一点大麻给主人，与一个出售少量毒品给学生的人同样要被判处 3 年监禁。这种最低刑罚增进了刑罚的威慑作用。

新加坡立法的严密性是指新加坡立法是细致入微、滴水不漏的。据统计，新加坡现行法律有 400 多种，范围广泛，上至政府权力，中及经济发展、商业运行，再到公民的权力义务，再到旅店管理、停车规则、钞票保护、公共卫生等方面，甚至人们的衣食住行都有相应的法律规定。比如，为了维护公共场所的卫生，新加坡法律规定禁止在新加坡生产和销售口香糖；为了保证市容美观，法律规定了商店招牌的挂法、房屋最少每 5 年粉刷一次等。[①]由此，新加坡立法的严明严密可见一斑。

（二）严实且严正的执法

立法严明严密保证了在新加坡有法可依，但法治社会建设不能止于此，

---

① 此处关于新加坡严明严密立法方面的细节内容参考了毕世鸿在《新加坡概论》中的相关内容。

还有做到有法必依、执法必严、违法必究。因此,新加坡在立法严明、严密的基础上加大了执法力度,既要立法建得全,也要执法管得严。在新加坡,正是因为有严明的立法和严格的执法,才使得社会真正达到了公平公正。

严格执法意味着严格依照法律办事,将法纪落到实处,这是新加坡典型的特点。在新加坡,你会发现对罚款的规定是极其细微的,比如对一名为副总理做饭的厨师烧菜时因为抽烟而进行的处罚, 对恋人在植物园遗留报纸的处罚,等等。尽管刚开始会遭到很多人对其执行力的怀疑,但事实证明任何一名新加坡人都潜移默化地接受了这种处罚,所谓的怀疑完全是多余的。通过严实执法,新加坡真正做到了违法必究,违法必罚。

严正执法指的是公正执法,做到法律面前人人平等。新加坡极为重视社会的公平与公正,这被认为是法治的灵魂和严正执法的关键,同时也关系到能否真正把严密严明的法律落到实处。严正执法至关重要。例如,李光耀在回答诸如"为何很多有完备法律的国家,其犯罪率也逐年上升"时,认为法律的作用不仅仅在于惩罚,还在于震慑,目的是使心存侥幸的人对法律产生敬畏,法律还要有平等的精神,任何人在法律面前都是平等的。反之,如果不能对法律心存敬畏,即便是企图犯罪,他最终也要为自己的行为付出代价。这里就很明确地强调了严正执法的作用。在谈到新加坡的法律时,李光耀承认它是有些苛刻,不近人情,但结果是人人平等的实现,这是大家乐于接受的,也是法律精神在民众心中内化的体现。

关于严正执法,迈克菲案是海内外皆知的一个典型案例。1993 年,美国少年迈克菲和他的一帮朋友肆无忌惮地破坏交通指示牌,在 20 多辆车上喷漆涂鸦。被指控后,迈克菲在法庭上认罪,法官判处迈克菲鞭打 6 下、监禁 4 个月。这件案子在美国引起了轩然大波。美国媒体对本国少年在新加坡被

"残酷的"亚洲人剥下裤子鞭打勃然大怒,闹得满城风雨。美国总统克林顿也出面恳请新加坡总统王昌鼎赦免迈克菲。在这种进退两难的境地中,新加坡政府没有屈服于美国的压力,而是坚持实施鞭刑。新加坡内阁在考虑克林顿的请求后,建议王昌鼎总统对迈克菲的鞭刑由6鞭减为4鞭。1994年6月9日,美国少年迈克菲在新加坡接受了鞭刑。①针对这一事件,李光耀认为,在法律面前任何人都没有特权,不能因为是美国少年就不执行,如果这样那么以何种标准要求国人呢? 新加坡律政部部长贾古玛对于这一事件也发表了类似的看法,说:"今天如果有人告诉我们不可以鞭刑我们就照着办,那么,明天及接下来的日子,别人也会叫我们不可以实行其他的法律。"法律面前人人平等,不论国籍、肤色、地位,都没有例外,在新加坡得到了最好的践行。

此外,新加坡拥有一支高素质的执法队伍,这为严格执法提供了组织保证。人民行动党对精英人才的重视还体现在对优秀人才的选拔上,只有经过严格挑选的人员才可能成为国家的执法者。他们的文化和法学水平都很高,而且受过专门教育,训练有素。同时,司法独立,法官的职务十分神圣,一经当选就终身任职,且待遇优厚。新加坡法官的酬劳是有制度保障的,不能随意更变,法官也是免责的。这些都很好地保证和促进了新加坡执法的严正严实。

(三)严厉严峻的惩罚

在新加坡,管得严是人所共知的,特别体现在惩罚上的严厉严峻。对于违反法律所采取的惩罚主要包括罚款、鞭刑和绞刑等。

---

① 《1994年6月9日,美国少年在新加坡受鞭刑》,网易,2006年6月9日。

罚款在新加坡是家常便饭,也是它被称为"fine city"的原因所在。当然,此处的"fine"是一语双关,一方面指"好",一方面指"罚"。说"好"是指新加坡是个美好的国家,是一个花园城市。说"罚"是因为新加坡是一个惩罚严峻的国家。还有人结合二者给出了一个折中的说法,给新加坡定位为一个重罚的美好的城市。新加坡的重罚表现在两个方面,一是罚得多;二是罚得重。在罚得多方面,是指罚款的行为多,任何地方任何行为罚款的警告都有明确的处罚规定。在各种不同的告示牌中,都有违禁罚款的价码。另一方面,新加坡罚款之严表现为罚得很重,例如,如果有人在地铁车厢里吃东西或者饮水,他将被罚款 500 新元;如果是抽烟,他将被罚款 1000 新元;如果是燃火,罚得更多,高达 5000 新元。其罚款之重可见一斑。告示中的严明规定既便于公民守法,也方便执行人员执法。[①]如此,在新加坡,如果一个人的薪水较低,而又屡屡触犯法律,那么就很有可能出现他一个月的薪金全被罚完的情况,惩罚的严厉程度可见一斑。

新加坡还是世界上少有的保有鞭刑的国家之一。目前在新加坡大约有 30 多种罪行会被判处施以鞭刑,包括走私军火、贩毒、强奸、非法入境或破坏公物等。鞭刑的残酷性在于,但凡被鞭打过的罪犯,都会因承受剧烈疼痛而在身体上留下终生难以抹去的痕迹,即便他们刑满出狱,以后也会极少再有类似犯罪行为发生。除了罚款、鞭刑之外,新加坡惩罚的严厉性还表现在毒贩运毒过量,将面对强制性死刑;对声名狼藉的匪徒和毒贩实行防御性拘留;任何人拥有枪械或在作案时开枪,都会被判处死刑。[②]

---

① 此处关于新加坡严峻严厉的惩罚方面的细节内容参考了毕世鸿《新加坡概论》中的相关内容。
② 吕元礼:《新加坡为什么能? 》,江西人民出版社,2010 年,第 143~150 页。

三、新加坡依法治国的成功经验

新加坡依法治国建设取得了很大的成效,其稳定秩序、高效清廉得到了世界上大多数国家的赞誉。从 1959 年成立自治政府,后经过几十年的时间,可以说,新加坡已经成为亚洲首屈一指的法治国家。这一巨大的成就与李光耀及其领导下的人民行动党息息相关,它们大力践行依法治国的理念,并不断制定和完善相关的法律制度来推进落实这一理念,促进了国家发展和人民幸福。新加坡依法治国的成功经验可以总结为以下几点:

(一)在新加坡,法律面前人人平等,任何人不得凌驾于国家与法律之上

这一平等性首先体现在人民行动党自身。正人先正己,人民行动党在法治建设的过程中严格要求自身,时刻注意摆正党在国家中的位置,从严治党,这是新加坡依法治国取得成功的首要关键因素。在 1954 年李光耀和他的战友们组建人民行动党的时候就强调,人民行动党要代表人民的利益,要做到为人民利益而积极行动,行动重于口号。在日常的政府管理工作中,经济社会生活的各个方面都有其分管机构,分工明确,如经济管理由政府部门负责;立法是由国会负责;司法由法院负责;军事由国防部负责;肃贪由反贪局负责;劳工由职工会负责;群众团体由人民协会和公民咨询委员会分管负责等,各个政府部门各司其职,依法办事,提高了效率。人民行动党在实践中逐渐形成其核心价值观,包括维护党与政府的廉洁作风,以能力本位选拔官员,坚定信仰和献身精神,不断更新。新加坡法治建设的发展与推广离不开

人民行动党的身先士卒的表率作用。可以当之无愧地说,在新加坡,人民行动党在依法治国方面起到了先锋模范作用。

在新加坡,法律面前人人平等也体现为官民平等。自新加坡建国以来,对高级官员进行严厉惩罚、不循私情的例子可列举出很多,但找不出一件高级官员可以减轻或逃避惩罚的例子。同时,如果人民行动党的党员干部犯法,他们不但会与犯法的普通群众一样治罪,而且还会加以人民行动党的党纪进行内部处理。另外,在对外国人的法律制裁上,也仍然坚持法律面前人人平等的原则,对违法者坚决处罚,决不容许任何人凌驾于法律之上。[①]

(二)新加坡在依法治国的过程中,注重从法制建设和道德培育两个层面来培养公民的法治理念

新加坡高度重视社会纪律,这是一个国家法治理念的体现,这涉及各种层次的关系,比如国家与民众、个人之间以及社团之间的关系。这些都必须在法律的范围内解决处理,通过法律的途径和手段来建设良好的社会秩序,确保社会政治、经济生活中的各个主体之间合法行使自己的权力,依法履行自己的义务,按照法律的要求规范自身的行为。可以说,目前新加坡人都已经形成了比较强的法治观念,当社会、政治与经济领域出现问题时,政府有敏锐的反应机制,会马上采取法律手段解决。百姓发生纠纷时,他们也会积极主动寻求律师帮助,通过司法途径来解决问题。

在道德建设层面促进法治社会建设是新加坡的特色,也是东亚儒家文化区国家的典范。新加坡政府一直高度重视对国家价值观和家庭价值观的

---

① 李路曲、赵莉:《论新加坡法制社会建立的途径和原因》,《山西大学学报》(哲学社会科学版),2004 年第 6 期。

培养，注重以道德促进法治。经过一年多的公开征集和调查，新加坡公布了它的国家价值观，即国家至上、社会为先；家庭为根、社会为本；关怀扶持、同舟共济；求同存异、协商共识；民族和谐、宗教宽容；其家庭价值观是：亲爱关怀，互敬互重，孝顺尊长，忠诚承诺，和谐沟通。这些价值观的形成离不开教育，既包括学校教育，也包括社会教育，还包括公务人员的入职培训，这也是新加坡公民道德和法治教育的主要内容。通过多渠道的教育，在新加坡实现了官民各自的自律守法，形成了奉公守法的官风和人人自律的民风，官风民风相互促进，影响了整个社会优良风气的形成，物质文明和精神文明得到了同步发展。新加坡独特的生活文化已深深融入其井然的社会秩序、廉洁的政府及国民生活的方方面面。①也只有在全国人民自觉意识增强、文明程度不断提高的基础上，才能逐渐深入推广并强化严格依法办事的行为模式，践行制度面前人人平等的执法观念。如此一来，随着公民法治意识的增强，法治国家的建设就自然水到渠成了。

（三）新加坡通过从多方面着手建立清正廉洁的政府来推进法治社会的建设

人民行动党在长期执政的条件下仍能保持廉洁，这是新加坡受世界关注和引以为傲之处。国际透明组织每年都会公布各个国家的贪污指数，新加坡连续多年高居亚洲榜首。2021年全球清廉指数排行榜显示，新加坡的清廉指数为85，全球排名第二。新加坡之所以取得如此为世界所公认的成就，首先和执政党通过道德教育倡导廉洁之风，树立廉洁意识密切相关。在新加

---

① 焦玉荷：《新加坡法治文化建设的经验及启示》，《中国党政干部论坛》，2015年第12期。

坡,人民行动党始终坚持以建立清正廉洁的政府为使命,通过领导人的以身作则来维持廉洁正直之风,通过巩固"人民本来拥有的文化遗产""深化他们所秉持的价值观和是非观"来维持法律制度的正常运作,从而实现君子执政。同时,人民行动党还通过营造廉洁的政治文化,如以白衣、白裤为党服,将党的总部建在"最不起眼"的场所,将党的基层支部设在"最不堂皇的地方",使"低调"成为党的行为模式,使廉洁成为党员的生活方式。①

新加坡法治社会建设的成功和它的制度建设也是非常相关的。以制度建设保障法治的顺利进行,人民行动党一方面着力建立并不断完善反腐机制,减少官员可能的腐败机会;另一方面人民行动党还大力健全社会保障机制,通过制度来消除和防止腐败的动因。在建立完善的反腐机制方面,新加坡在法治方面体现出明显的强系统性的特点,比如在宪法、行政法与刑法方面都有详细的规定,并且有专门约束各级公职人员的法律。此外,新加坡法律的另一个特点是注重实效,这明显体现在贿赂推定制度上,只要一方提出对方受贿的证据,对方无力反驳,则罪名成立,这在一定程度上大大提高了案件的审理效率,节约了时间。再者,新加坡有关惩治贪污腐败的法律的严格还体现在连锁性惩罚,这对潜在的违反者具有强大的震慑作用,而且犯事公务员的直接领导也要承担连带责任。可以看出惩处力度是相当大的。另外,贪污调查局是新加坡的铁腕护法机构,有特别侦查权、无证搜查与强行搜查、无证逮捕以及限制转移财产等特殊权力。贪污调查局尽管权力巨大,但独立不独裁,专业不专断。②在健全社会保障制度方面,最有代表性的当属新加坡的中央公积金制度。公积金制度是由国家规定强制缴纳并由国家公

---

① 吕元礼:《新加坡一党执政何以长期保持廉洁》,《政策》,2008 年第 7 期。

② 朱明国:《新加坡为什么能做到高效廉洁》,《决策探索》(上半月),2010 年第 12 期。

积金管理局统一管理,其目的在于保障退休人员的各种需求。新加坡还通过国会实行严格的所得税制度,以总统令的形式规定公务员的各种权利与义务。

另外,新加坡的高薪养廉也为世人所称道,但高薪也只是相对的,公务人员的薪资水平其实远远低于律师、医生、企业家等人。其实,高薪的根本出发点是抢贤,使新加坡得以长期维持廉洁的根本还在于其健全完善的反腐机制,是制度在发挥着根本的维护和推动作用。总之,新加坡依法治国的宝贵的经验在于它结合了自身的国情,借鉴国外有益的做法,建立了一套与其体制相适应的法律制度,并造就了一支廉洁、高效的执法队伍,从而推进法治社会建设。

第三节 政治行为体:政党及其他社会组织

历史制度主义认为,制度的形成和发挥作用的过程中,行为体的作用是主导性的。在新加坡,其精英民主政治结构中,起主导作用的是新加坡的政党,还有一些其他政党和社会团体。目前,新加坡的主要社会团体有人民协会、全国职工总会、新加坡工商联合总会、新加坡中华总商会、新加坡国际商会、新加坡制造商联合会、新加坡宗乡会馆联合总会、新加坡福建会馆、新加坡广东会馆、新加坡南洋客属总会、新加坡佛教总会、新加坡道教总会、新加坡中国学会、新加坡作家协会等。本书仅从新加坡的政党、主要社会团体以及公民社会的角度来阐述新加坡精英民主政治结构中的政治行为主体。

一、新加坡的政党

根据中国外交部网站的统计,目前新加坡登记的政党有 30 多个,主要有:人民行动党、工人党、新加坡民主党、革新党、新加坡民主同盟、国民团结党、新加坡马来国民机构等。最主要的政党当属长期执政的人民行动党,1954 年 11 月由李光耀等人发起成立。从 1959 年至今一直保持执政党地位,李光耀长期任该党秘书长,1992 年吴作栋接任。2004 年 12 月,李显龙接替吴作栋出任该党秘书长,并于 2006 年 5 月、2011 年 5 月、2015 年 9 月、2020 年 7 月四度连任。按照党章规定,人民行动党的党徽由白底蓝圆和红色闪电构成。其中,闪电象征着行动,要求的是活力;白底象征着纯洁,强调的是廉洁;蓝圆象征着团结,注重的是和谐。人民行动党治理新加坡的成功,应归功于其执政理念。在遵循"诚实立党、精英主义、多民族平等和睦主义和自力更生"的核心价值基础上,人民行动党逐步发展出了一套符合新加坡的具体国情和外部国际环境的政治理念,那就是以国家利益、民族团结为核心的政党政治理念,以好政府与强政府为核心的政府管理理念,以经济发展优于民主政治的社会发展理念。这三种理念的运用最终使新加坡形成了政治、经济、社会的协调发展。民主理念的运用和政治社会发展过程中取得的实效为1959 年之后人民行动党长期执政提供了必要性与可能性。

除了人民行动党,新加坡还存在 30 多个政党组织,它们有自己的政党理念和组织运行方式,有权利参加国家领导人的竞选,只是由于自身及民众选择的原因,它们很少有机会在选举中打败人民行动党。其中,工人党创立于 1957 年,主张和平、非暴力的议会斗争,主要成员为工人。1981 年起,工人党在大选中数次赢得议席。2020 年大选中获 10 席（后有 1 人辞职），是除人民行动党以外实力相对雄厚的政党。它一直紧密关注民众的实际生活需求，提倡民主参与，为社会发展提出建设性意见，积极推动建立多党制的运行。新加坡民主党对人民行动党一党独大表示不满，致力于联合其他党派推翻人民行动党的统治，但因其实力所限并没有机会达成愿望。新加坡革新党提倡实行自由开放的市场经济模式，认为政府应该进一步提高工作的透明度和责任感，切实提高人民收入水平和生活质量，建立更加多元化民主化的新加坡。新加坡人民党以新加坡的长远利益和根本利益为出发点，认为应该在新加坡建立议会民主政体，关注政治体制的改革。新加坡民主联盟是把人民党之外的一些政党联合在一起的组织，包括人民党、国民团结党、新加坡马来民族机构和新加坡正义党，其存在的价值在于联合弱小党派与长期执政的人民行动党进行较量。

目前新加坡政党制度的格局就是人民行动党独大的一党优位制，其余 30 多个政党尽管有时吸引民众的眼光，但最终的选票还是多数落到了人民行动党手中，这和人民行动党的执政理念有关，也和人民的理性选择相关。与西方国家不同的是，在新加坡，所谓的反对党并不是为了反对而反对的，更多的时候，它们与人民行动党的理念方针是保持一致的，从根本上都是为新加坡的发展，为新加坡人民的幸福而行动的。

二、社会团体：以人民协会和全国职工总会为例

在新加坡，社会团体是除了政党之外第二重要的政治行为主体，在新加坡的精英民主政治运行中起着重要的作用。本书以社会团体中的人民协会和

全国职工总会为例,考察其主要职能、机构设置以及在民主政治发展中的作用。

人民协会(People's Association)成立于 1960 年 7 月 1 日,是新加坡的一个法定机构,设立了 28 个中心,作为不同民族语言和宗教团体的集会场所。成立初期的人民协会只负责管理民众联络所以及民众联络所管理委员会。目前,人民协会管理着 1800 个基层组织、100 多个社区俱乐部、5 个社区发展委员会、国家社区领导研究所和水资源研究所。[①]人民协会的使命是建立和沟通社区,通过组织社会、文化、教育、职业、娱乐和体育方面的集体活动,来促进各民族感情的团结统一,培养具有国家意识并愿为新加坡多元民族社会服务的精神。即人民协会的成立是为了使居民参与社会、教育、文体等社区活动中来,借此培养新加坡人的国民意识,促进并不断加强不同种族之间的团结。人民协会的行动目标是促进种族和谐和加强社会凝聚力、通过双向沟通架起政府和人民之间的桥梁、贯彻执行与上两个目标相关的政策。为实现自己的目标,人民协会建立了一系列下级组织机构,其中最主要的是"三会一院",即公民咨询委员会、民众联络所/俱乐部管理委员会、居民委员会和国家社区领袖学院。[②]人民协会功能的发挥主要依靠这"三会一院",其共同点在于:第一,在政府的指导管理下,以服务民众为着力点来组织民众、和谐族群关系,沟通民众与政府、确保良性互动;第二,都是自发的,同时,政府及早着手引导、改造、完善、提升,确保能量的最大限度发挥,使其成为社会管理的重要力量、得力助手;第三,政府在社会发展进程中,根据不同时期的社会结构、形态及社会主要矛盾的发展变化,及时地调整各社会基层组织

---

① 张宁、薛旭红:《新加坡人民协会在多民族国家治理中的角色研究》,《公关世界》,2021 年第 6 期。

② 王亚群:《人民协会——连接新加坡政府与人民的桥梁》,《当代亚太》,1998 年第 5 期。

的功能,注重统合、明确分工,使各社会基层组织间形成良好的关系,相得益彰。此外,人民协会还包括社区发展委员会,主要作用是帮助社区内的居民解决就业问题。新加坡人民行动党就是采用这种嵌入的方式,通过各种基层组织和人民联系在一起,从而获得了人民的支持。

新加坡全国职工总会(National Trades Union Congress,简称新职总)成立于 1961 年,是新加坡唯一的全国性工会组织,也是本国最大的工会组织。新加坡全国职工总会成立于 1964 年 2 月 8 日,到目前为止拥有 60 家附属工会,1 家附属协会,职员达到 60 万人,占全国职工的 18%。为了加快工业化进程,新加坡在 20 世纪 60 年代末就劳动者的谈判权限给予了严格的限制,因此导致该会的实质职能削弱,会员数量大大减少。随着后期的不断发展,新加坡全国职工总会提出了包括三个方面内容的"实现劳工运动现代化"的总方针,包括职工工资与福利的改善必须以国家财富的稳定增长为前提,通过建立劳资政的合作机制转化对抗状态,创办合作社等,克服了劳工运动中的被动局面,解决了大量劳工流失的问题。

此外, 新加坡工商联合总会在新加坡精英民主政治结构中也是一个重要的行为主体,它是新加坡最大的商会,是在各种商会协会之上,代表新加坡全体企业利益的国家商会,起着沟通新加坡各级政府和企业间桥梁的作用。

三、公民社会及其他

公民社会在民主发展过程中的作用受公民社会这一概念的范围划分影响极大。本书所研究的公民社会指的是一种规范意义上的概念, 即一种健康、有效、充满活力的自治(self-governance)。学术界对社会结构的划分主要有两种：一种认为整个社会可以划分为国家和公民社会两部分，另一种认为社会结构包括政府、市场、公民社会三部分。前者的公民社会范围是除了国家之外的所有领域，后者则把国家和市场都排除在外了。范围的不同必然导致其所发挥的作用以及发挥作用的方式的不同，导致其在民主政治发展中的作用有差异甚或是根本相反。本书所使用的公民社会概念是基于第一种对社会结构的划分基础上的。

随着新加坡经济的高速增长，公众教育水平的提高，公民政治参与意识逐渐加强，也逐渐形成了一股强大的中产阶级力量。在新加坡，中产阶级对政治民主化产生了重要的推动作用。他们比较关心公共权力的运用，其思想观念中包含着强烈的政治色彩，具体体现为民主、自由、平等和法律意识。中产阶级的壮大销蚀了传统政治的社会基础，民主化从而获得了有力的推动力。大量的非政府组织和社团的出现，促使公民社会的形成，而公民社会的兴起又鼓舞了人们的现代化意识，对民主政治的形成具有重要的推动作用。

新加坡公民文化的培育得益于公民社会的成熟，而公民社会的成熟来自经济、社会、教育的发展。越来越多的新加坡青年人开始投反对党的票，主要原因在于新加坡社会越来越开放，青年人有更多的政治自由，要求社会也更多元化。反对党的存在及其发挥作用，为人民行动党采取更民主的方式进行治理和纠错机制的有效运行提供了动力。公民社会与政治民主之间到底存在一种怎样的关系？这是政治学研究的一个重要问题。综合以上分析，在对新加坡精英民主政治的研究中，可以明确的是公民社会推动了新加坡精英民主的发展，是一种正相关的关系。

第四节　信仰与价值观:新加坡的精英教育

历史制度主义认为，观念的引导在制度的生成和发展过程中起着重要的作用。而同时新加坡的精英教育制度的形成也不是一蹴而就的,经过了大概 30 年的时间才最终成形。以双语教育为例。以李光耀为代表的新加坡领导人深刻明白,作为一个国家,要想生存下去就必须具有某些共同的属性。李光耀说:"如果我把英语强加给所有新加坡人,那我就会四处碰壁。如果我试图把汉语强加给所有人,那么我也会立即遭到抵抗。"于是,李光耀把选择的权利交给了大众,让每一位家长决定让自己的孩子学英语还是学他们的母语。结果是,通过大众自己的选择,加上市场机制的推动,新加坡最后确立了以英语为第一语言、以汉语为第二语言的格局,双语教育体制正式确立。在新加坡的精英民主政治中,观念的引导得益于这一精英教育制度,正是这种精英教育培育了一种"敬业乐群,勤劳进取,廉洁奉公,讲求实效"的新加坡精神,从而一跃成为一个因国民思想道德素质高而闻名于世的亚洲国家。

一、亚洲价值观

新加坡建国后用短短几十年时间创造了让世人瞩目的经济奇迹,但随着对外开放的不断深化,西方文化的不良影响却对新加坡的社会带来了很多问题,新加坡人的价值观和公民道德标准发生了偏移。吴作栋明确指出:"新加坡越来越西化,人民的价值观也从儒家理论的克勤克俭和为群体牺牲的精神转为以自我为中心的个人主义。这种价值观的改变,将会削弱我们的国际竞争力,从而影响国家的繁荣与生存。"结合新加坡的实际,新加坡政府和领导人对儒家学说的"八德"进行了新的阐释,赋予了崭新的内容。①具体如下:

"忠"就是具有国家意识、效忠国家。它包括归属感,也就是每个新加坡国民将自己归属于新加坡;国家利益第一,忠诚和热爱国家,培养誓死卫国的意志和吃苦耐劳、遵纪守法的品格;群体意识就是公民必须意识到新加坡的成就是集体协作得来的,个人和群体密不可分。"孝"就是尊老爱幼、孝顺长辈。家庭是社会结构的基础,孝在儒家伦理中是"至德要道、百行之首",家庭是神圣不可侵犯的,是巩固国家、民族永存不败的基础。"仁爱"是关心他人、富有同情心和友爱精神。新加坡政府号召人们都来做"仁人君子"、做"有人情味的人",避免像西方社会一样用金钱来维持人们之间的一切关系。"礼义"即注重友谊,以礼待人。礼作为一种规范,表现在礼貌上,旨在规范人们的行为已达到建立和谐秩序的目的;义指的是诚实守信,不诈骗,不欺骗。新加坡从 1979 年起每年开展礼貌运动,以培养青少年具备一些基本的做人礼貌。"廉",即公正廉洁,防止腐败;"耻",即具备最基本的是非观念,做堂堂正正的国民。儒家要求统治者德才兼备。新加坡政府认为,国家兴旺的关键是要有一个廉洁高效的政府。政府重视廉政建设,要求官员树立起为国民服务的思想,要有牺牲奉献的精神,以身作则,这样才能推动新加坡的持续稳定发展。

新加坡亚洲价值观的形成也经历了一个长期的酝酿时期,它在吸收和

---

① 鲁虎编:《列国志·新加坡》,社会科学文献出版社,2004 年,第 252~253 页。

继承儒家思想核心价值观念的基础上，通过征求民众意见，于1991年出台了反映新加坡国情且被公众认可和接受的价值观。这一价值观的内容包括：国家至上、社会为先；家庭为根、社会为本；关怀扶持、同舟共济；求同存异、协商共识；民族和谐、宗教宽容。新加坡举国上下，从学校教育到日常社会生活，都在不停地强调和贯彻这些价值观。①新加坡国会批准通过了这一反映新加坡国家价值观的《共同价值观白皮书》，使其成为新加坡人民共同遵守的具有法律约束力的文件。

二、教育体制

新加坡自1965年建国以来，一直非常重视教育，以人才立国，不断提升人力资源的质量，使新加坡取得了举世瞩目的成就。人民行动党是极其开明的政党，尊重各个种族的文化，实行多语政策，如把马来语定为国语，而行政语言主要使用英语，同时，还平等对待其余的语言类型。在新加坡，官方语言是多种的，包括华语、马来语、泰语、泰米尔语等，还根据语种不同实行不同的教育体制。新加坡是英联邦国家，其教育体制是从英国传统教育制度中发展而来的，它的目标是每个人都能接受教育，发现他们的才能，挖掘他们的潜力，培养他们终身重视学习的热情，既推崇因材施教的教育方针，也致力于培养精英人士。

新加坡前总理吴作栋说："作为亚洲人，我们相信，教育是迈向更好生活的关键，通过教育，我们会拥有更好的技术、更高的生产力和更灵活的应变

---

① 鲁虎编：《列国志·新加坡》，社会科学文献出版社，2004年，第254页。

能力。"[1]1991年,新加坡政府制定了《新加坡:新的起点》长期规划,把教育摆在了优先发展的位置,不断加大对教育的投入,政府每年对教育的投入占到了年度财政支出的20%,还在1990年开始推行"教育储蓄计划"。政府拨款的目的在于让每个家庭6到16岁的孩子能顺利完成小学一年级到中学四年级的学业,确保低收入家庭的孩子能获得公平的受教育机会,通过接受教育来实现自己的人生梦想。

以分流筛选为基础的因材施教制度和"精英"人才培养是新加坡教育体制的特色。所有学生根据自身的学习成绩和兴趣爱好在经过从小学到中学的三次教育"分流"后,通过接受不同类型的学校的教育和培训,能按照自己的潜能选择成长道路。新加坡在1979年开始实行阶段分流,小学阶段注重算数与语文教育,并在三年级末进行分流,依据成绩或是接受单语教育或接受双语教育;在小学毕业后再一次分流,一半接受单语普通课程,一半双语课程;在初中毕业时进行第三次分流,依据成绩分别进入技能教育系统、工艺院校以及初级学院;进入后者的学生在毕业时再依据成绩分别进入不同的大学进行深造,不及格学生则要接受高级技术训练。如图4-1:

---

① 郑晓燕、蒋云根:《新加坡教育公共服务对我国教育改革的借鉴意义》,新民网,2010年3月31日。

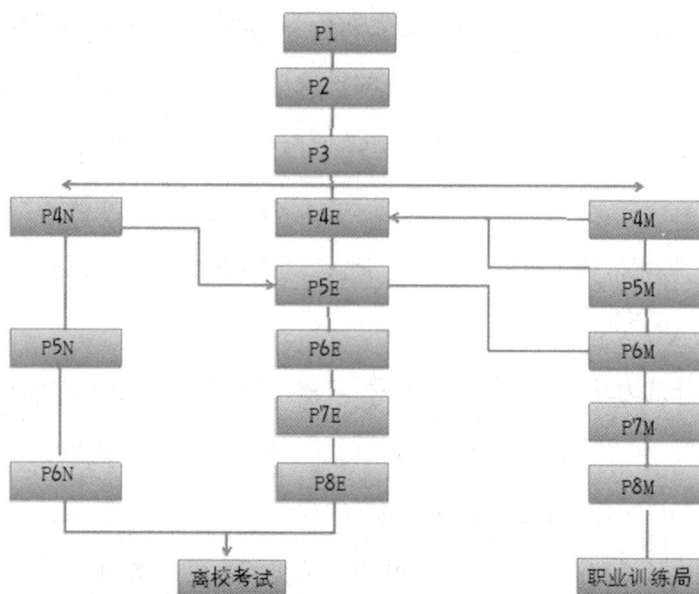

图 4-1 新加坡的"分流教育"

如上图所示,小学教育 P1 到 P3,然后第一次分流,约有 6% 的学生进入 N 流,接受 P4N 到 P6N 三年的教育,另外 20% 进入 E 流,学业年限为 5 年,即从 P4E 到 P8E,其余能力差的 20% 进入 M 流,接受 P4M 到 P8M 五年的教育。当然,这种分流也非"一试定终身"。进入 N、E、M 流间可以转化。"分流"制度的结果是,既为新加坡培养了国家精英,也培养了企业蓝领及普通劳动者。

学校在对学生进行文化知识传授的同时,也非常重视学生的道德教育。早在 20 世纪 60 年代,新加坡教育部颁布了学校道德教育和公民训练的综合大纲,用于发展学生的社会观和公民意识的培养。1991 年 1 月,在新加坡,无论公立还是私立学校,其中小学教育都围绕政府颁布的"共同价值观"为基本原则展开道德教育。不仅在校内设置专门的道德教育课程对学生传授系统的道德伦理知识,还与家庭和社会一起合作,通过社区服务活动、建立家长联谊会、创立以学校和社会机构为一体的互动合作的文明社区、参与各种国家纪念日等方式增强学生的国家意识, 让他们在求学的 10—12 年内,能够全面和彻底了解身为新加坡人的意义,加深对祖国的认识,进而培养更强的献身精神。

三、双语教育

新加坡是一个多民族、多元文化的国家,由于这种复杂社会的多元性以及英国殖民者分而治之的政策, 使各个民族在办学过程中都以母语教学为主,缺乏统一的规划,各种语言的发展出现不平衡状态,导致教育质量参差不齐,严重影响了各民族的交流与融合,阻碍了新加坡的社会发展。面对这些问题,新加坡政府在制定教育政策时,认真谨慎地思考了教学语言的使用问题,在这种情况下,双语教育政策应运而生。

1966 年,新加坡正式实施双语教育政策。新加坡政府规定:华语、马来语和泰米尔语学校必须把英语作为第二语言, 而英语学校也要把各民族的母语作为第二语言,英语和各民族的母语成了学校的教学用语。随着英语的国际化,从 1987 年开始,全国的中小学都以英语作为第一教学用语,以民族语作为第二教学用语。进入 20 世纪 90 年代以后,双语教育政策因为新的教育方针的出台也做了相应的调整,学生在小学和中学根据"分流"的结果选择相应的课程,在这些课程中,英语和母语的分数所占比例各有不同。新加坡教育部在 2006 年教育统计年鉴中对双语教育进行了这样的阐述:"双语教育政策是新加坡教育制度的基石, 该政策让每个孩子学会英语和母语……

以便最大限度地发挥他们的能力。双语教育政策使孩子们熟练地掌握英语和母语,英语用于商业、科技和管理,母语用以传承文化。"

新加坡的双语政策产生了很大的影响。首先是增强了国民的国家意识,加强了各民族的融合程度,带来了社会的稳定和经济的发展。其次是促进了教育水平的提高,由于双语在考试中占据了很大的比重,学生语言考试成绩有了明显的提高,同时还大幅度地降低了中小学的辍学率。最后是促进了社会科技、文化水平的提高。新加坡的双语教育使新加坡人的英语水平得到了很大的提高,使他们能够突破语言障碍直接地学习和吸收西方先进的科技知识和管理经验,提高了新加坡的科技水平和管理水平,加速了新加坡的经济繁荣和社会发展。

但是新加坡的双语教育政策在具体实施的过程中也受到了一些因素的制约,如英国长期殖民统治的影响。受其影响,新加坡的政治、经济、法律等迄今仍然沿袭英国体制,英语一枝独秀,作为官方语言在学校教育中处于主导地位。随之而来的是母语水平的下降进而产生以母语为依托的传统文化的危机。尽管新加坡的双语政策面临很多质疑,但不可否认的是,新加坡这种实施双语政策的努力将有助于其更好地了解其他文化和更好地在国际社会中发挥作用。

四、职业教育

新加坡建国以后,为了大力发展出口以带动本国经济的全面恢复和起飞,需要有足够的专业技术人员、管理人员和熟练工人来管理和使用外国先进技术和设备。20 世纪 80 年代以后,由于第二次工业革命所致的劳动就业形势变化和全球经济一体化条件下各国面临的激烈竞争，使新加坡政府更加重视职业教育的发展，力求打造出世界一流的劳工队伍。经过长期的探索与研究，新加坡的职业教育在办学形式和培训方法上灵活多样，创建了适合本国国情的职业教育模式，为新加坡的经济建设发挥了巨大的作用。如今，职业教育不仅是新加坡教育的主体，还是新加坡经济发展的支柱。

新加坡的职业教育分为初等职业教育、中等职业教育和高等职业教育。初等职业教育由工艺学院来承担，主要是培养技术人才，提高劳动者的素质。中等职业教育由理工学院来承担，主要是培养技术应用型人才，给学生提供理论与实践相结合的训练。高等职业教育由大学来承担，提供多样化的职前培训和在职培训。

新加坡的职业教育采取的是与德国"双元制"职业教育模式相近的"教学工厂"①模式，就是把学校和工厂紧密结合，给学生提供工厂的生产环境，让他们将学习到的知识应用到生产中去，同时又通过生产的过程学到新的知识和技能。"教学工厂"模式还有利于培养学生的团体合作精神、创造能力、分析和解决问题的能力，使学生在离校后能很快地适应社会和岗位的要求。另外，新加坡职业教育的成功还得益于政府对其的巨大投入，保证了学校教学设备的先进性，从而使学生有机会使用和操作世界领先的数控机床和先进的电子检测设备。还和职业学校所拥有的优秀师资队伍密切相关，这些教师必须受过大学教育并有一定相关专业的工作年限。这样就从教师和学生两个方面保证了职业教育的质量。

---

①　所谓"教学工厂"模式是这样一种具体的操作：先让学生学习基本的专业课程知识和基本的专业技能，然后再根据自己的专业进入有关的"生产项目组"进行实际的生产操作，而生产项目组实际上是由厂家和学校合办的用于教学和技能训练的车间。学生在这个车间里通过老师或技术人员的指导，进行实际生产操作，以掌握毕业以后所从事的职业的基本技能。

综上所述，新加坡"国家至上，社会为先；家庭为根，社会为本"的核心价值观切实结合了新加坡的历史与现实，得到了民众的深刻认同。而双语和分流的精英教育又进一步夯实了核心价值基础，职业教育提高了民众的整体素质和技能，培养出了大批凝聚在国家建设中心的精英人才。核心价值理念的进一步深入人心，以及各层次精英人才辈出，都为新加坡社会的发展提供了精神和技术支持，正是这些各个层次、各个领域的精英合力推动了新加坡的精英民主政治的持续健康发展。

第五章　新加坡精英民主政治的评价及展望

新加坡只用一代人的时间就从第三世界跻身第一世界，给我们留下了哪些启示？对于新加坡的精英民治政治发展模式我们应该怎样评介？在后李光耀时代,新加坡会不会发生根本性的转变？新加坡的政治发展对中国,甚至是对世界民主政治有没有可借鉴之处？笔者认为,从根本上讲,新加坡的精英民主政治已经具有了可持续的属性,这与该制度的生成过程密切相关,因为它是在尊重新加坡发展的历史和现实、在得到精英和大众的认同基础上逐渐形成的;它的可持续性也与新加坡的领导人密切相关,因为从领导人的选拔（首先要确保领导者具备提出正确决策的能力和为民众利益计的意识）,到执政理念的提出、实施,再到民众的反馈,都是有制度和法律可循的。也就是说,新加坡的领导人是真正得到民众认同并通过制度化的途径才能有资格领导这个国家的;它的可持续性还与精英民主政治本身的普遍性密切相关,因为世界任何一个国家民主政治的持久发展最终都离不开精英的统治和民主的方式,即把精英的观念通过民主的方式转化为制度的细节,既充分发挥精英的作用,又有民主的制度保证,从而实现二者的完美结合。唯其方可实现民主政治真正意义上的民主。

第一节　新加坡精英民主政治的可持续性

一、新加坡的"好政府"与"好制度"

按照新加坡自身的定位，它已经建立并在着力维持的是一个"好政府"，这也是新加坡在政治、经济、社会发展过程中坚守的核心。关于"好政府"的提法源于1995年时任新加坡总理吴作栋在美国威廉斯学院做的讲演。他在演讲中谈到了新加坡的成功，以及成功背后的主要原因，有两点：第一是良好的经济基本因素。包括新加坡国内形成的竞争的市场、对外开放的政策、已经成型稳定的经济、较高的储蓄率和投资率等，这些为新加坡取得成功奠定了坚实的经济基础。第二是良好的政府。吴作栋讲道，政府应该在经济发展方面做好协助和推进工作，以便促进经济发展。同时，政府更应该扮演好社会和政治生活中的重要角色，如缓解住房压力、解决教育问题、缓和劳资关系、增强社会凝聚力等。人民行动党认为，国家价值观的贯彻落实需要政府的强力推动，这样的政府首先就应当是一个"好政府"，而对于什么是好政府，又要根据人们的价值观来判断。"在新加坡占主流的是重视群体价值、秩序、纪律以及尊重权威的亚洲文化，这与强调自由、个人主义和鄙视权威的西方文化之间，存在根本的差异，所以新加坡的民众需要的是一个能够提供福利、政治稳定、社会秩序及有效率和诚实的好政府。"[①]甚至可以说，就新加坡而言，任何政治经济发展成就的取得都离不开人民行动党领导下的这个"好政府"。

其实，新加坡的好政府是一种典型的"家长制下的大家庭"。在这个家庭中，政府是人民的家长，人民是这个家庭的成员。人民将自己的权利委托给政府，作为家庭成员服从家长的意志；而政府作为家长，负责造福和保护人民。抛开对"家长制"这一名词的固有偏见来考察新加坡这种独特的政治运行模式，可以发现，它之所以有序高效运行是因为这一家长制内包含了好政党与好政府两个基本因素。就好政党来讲，是指人民行动党能有效地代表民众的利益并长期执政，而民众信赖执政党。人民行动党就是为人民而行动的党。人民行动党长期执政带来了两个效能，一是使国家战略和政策制定与执行呈现长期连续性；二是在干部的选拔、培养任用方面也实现了有效性和连续性。这两个效能的实现进一步增强了民众对人民行动党的信赖，强化了人民行动党执政的合法性基础。就好政府而言，主要包括四个层面的含义：第一层面是政府能力。政府的能力是由行政权优位的权力安排来保障的，它要负责选拔最优秀的人才到政府最重要的部门任职，而不是忌才避才。第二个层面是政府的廉洁。在国际透明组织的调查报告中，新加坡的廉洁指数一直位于世界前列，得到了世界的公认。新加坡政府以各种手段来保障政府官员的廉洁奉公。第三个层面是政府的政策。新加坡政府制定政策的根本出发点是有利于新加坡的发展和人民幸福，是一种简单的实用理性主义，真正做到了造福好人民、保护人民。第四个层面是有限竞争。新加坡是人民行动党占

---

① ［美］亨廷顿：《民主的千秋大业》，《国策》，1995 年第 1 期。

主导地位的一党优位制,在政治发展过程中人民行动党掌握着大部分的政治资源。但同时,人民行动党并没有完全垄断所有权力资源,而是将一小部分政治资源让给了其他政党,形成了不同政党之间的有限竞争机制,并且定期举行竞争性选举。在新加坡的选举中,竞争是民主的核心要素。政治竞争有两种功能:一是利益代表功能。不同政党和不同候选人,各自以各自的方式综合选民的利益,形成选举公约,即对选民的承诺并相互竞争,由选民选择候选人和候选人的承诺。二是纠错功能。选举实际上是对前任执政党和当权者的全面评估和纠错的机制。人民行动党只有赢得相应选票才可以赢得选举,由此形成了一种压力机制和纠错机制。

学术界和政界对"好政府"的标准和性质有着不同的看法。西方国家多认为好政府是管得少的政府,主张政府不应干预太多事务。在新加坡,他们认为管得多的政府才是好政府,主张政府应该管得多,管得全面。当然,管得多与少都只是表象,究其本质而言,好政府不是由管得多与少决定的,而是政府进行"干预的性质、社会本身的性质和政治运作的性质"①决定的。一般而言,好政府与强政府有着必然的联系,因为好政府的产生必须有着与其相适应的环境,即较强的政治机制、高超的行政能力和较低的"政府失败"的风险。这一点对于发展中国家是讲得通的,但是在新加坡,"好政府"更多地是强调政府"回馈社会"的能力与实际效益,"人民支持政府,政府回馈社会",其清正廉洁就是鲜明的佐证。新加坡这种好政党、好政府的模式在长期发展过程中,逐渐形成了"政府与民众之间的委托代理机制,政府有效地代表并不断实现了人民的利益,而人民通过选举和媒体不断地评估和监督政府,形

---

① Heather Smith,"Industry Policy in East Asia",*Asian-Pacific Economic Literature*, Vol. 9 No. 1, May 1995, p. 17.

成了有效的和积极主动的纠错机制"①,好制度最终形成。"如果清廉和正直是一个好政府所必须具备的基本条件,那么能够给人民带来福祉的,便是完备的管理体制"②,这是新加坡实现长久可持续发展的制度保障。

　　好政府一方面必然离不开好人,所以新加坡一直强调精英人才的作用,着力培养良好公民,既增强了好政府的领导力量,又提高了公民的能力素质和思想道德水平,夯实了社会运行基础。李光耀在这方面做出了代表性贡献,他曾强调:"不论是政治领袖还是公务员,都必须由最好的人担任,他们必须具有最好的素质,也就是廉洁的作风、献身的精神,领导国家的能力,良好的人际关系和办事能力。"③他任总理期间,还常把新加坡人分为两类,即"努力工作者"和"懒惰者"④,以此来警醒人民勤勉工作。另一方面,好政府的运行更离不开好制度。新加坡的发展也越来越表明,其"好政府"作用的长久之计在于好制度的保障。在新加坡受其实用主义理念的影响,所谓"好制度"指的是有效、实用的制度。如中央公积金制度。中央公积金设立于 1955 年,刚开始,中央公积金主要起到保险的作用。新加坡法律规定,所有雇员都必须将每月工资的 15%~20% 存入公积金局,雇主也必须同时将同等数目的金额以津贴雇员的条件一起存入该雇员的公积金户口, 假如雇员每个月的薪水是 1000 元,他只能获得 800 元自用,其余的 200 元加上雇主的 200 元共400 元都必须存入自己公积金局的户口中作为长期的储蓄。人民可以利用这些储蓄购买房屋、股票和支付医药费等。目前,大部分新加坡人都得益于这

① 赵虎吉主编:《政治学基本问题》,中共中央党校出版社,2012 年,第 338 页。

② 严崇涛:《新加坡成功的奥秘——一位首席公务员的沉思》,张志斌译, 人民出版社,2012年,第 21 页。

③ [新加坡]李光耀:《李光耀 40 年政论选》,现代出版社,1994 年,第 36 页。

④ 亚力克斯·朱熹:《新加坡第一》,高登伟译,台湾金陵图书有限公司,1982 年,第 79 页。

个高度的储蓄率而拥有自己的居住房屋,满 55 岁之后就可以取出大部分的存款,安享晚年的生活,不必靠政府的养老金。在此制度下,公民的消费水平虽然受到一定限制,但未来拥有相当的保障。①中央公积金制度还是监督官员清正廉洁的有效工具,一旦官员被举报贪污受贿,经查核实后,其所有的公积金都将被没收充公。这对他们的廉洁行政起到了很大的约束作用。

新加坡的好政府模式是在人民行动党的强力推动下进行的, 能够确保经济发展,保障公平正义,规范人们行为等,通过这种强有力的精英引导作用塑造了现代社会中的一种全新好政府模式, 也增加了新加坡人民的社会认同感和凝聚力。在践行好政府的过程中,新加坡做到了将好人与好制度相结合,好政府离不开好人的领导,更离不开制度的保障,由此确立的精英治国执政体制也是与之一脉相承的。

二、新加坡传统文化的持久影响

在李光耀的认知里,传统文化像是一个国家的基因,要改变几乎需要经过大手术。文化能够随着环境和挑战而转变,就会继续兴旺;那些无法做到的就会落后。李光耀于 1994 年接受扎卡利亚为美国外交政策机构的半官方期刊《外交事务》做的著名和具有影响力的专访中,他引用汤因比的观点指出,文化即命运。这就是为什么他经常提醒批评者去理解一个国家的"发源地"②。简而言之,传统文化在新加坡的影响之所以会持续不断,是因为在新

---

① 庄礼伟:《"好政府"模式及其社会效应》,《当代亚太》,2001 年第 10 期。
② [美]汤姆·普雷特:《新加坡建国之路:李光耀对话录》,张立德译,现代出版社,2011 年,第 108 页。

加坡已经形成了一种文化自觉(文化自觉是指生活在一定文化中的人,对自己的文化有"自知之明",即明白它的来历、形成过程、特色和发展趋向,从而增强自身文化转型的能力,并获得在新的时代条件下进行文化选择的能力和地位。此外,文化自觉还表现为应具有世界眼光,能够理解别的民族的文化,增强与不同文化之间接触、对话、相处的能力)。在新加坡,这种传统文化发挥着持久的影响。

传统文化是影响新加坡政治发展的隐性因素之一,一些价值观一旦确立下来就会根深蒂固,自我强化。作为一个只有300万人口的独立国家,在多元移民结构中华人占了七成还要多,加之被英国殖民统治的历史,这些构成了新加坡最基本的国情。李光耀说:"我不会受到理论的约束,我在三代同堂的家庭长大,这使我成为不自觉地儒家思想者。潜移默化,儒家认为如果所有人以成为君子为目标,社会就得以良好地运作。"他接着作了进一步的解释:"那表示说,他不做坏事,努力做好事,孝顺父母,忠于妻子,教养孩子,真诚对待朋友,还有他是国家良好的、忠诚的公民。这称之为'五伦'。儒家强调,一个社会要良好的操作就必须以人民利益为先,而社会利益要先于个人利益……"[①]在新加坡,执政党是通过各个家庭的努力来推动经济增长的,他们把个人及其家人的雄心融入新加坡的整体规划中。比如,新加坡竭力通过教育改变孩子的命运。政府可以创造一个适当的环境,让人民快乐地生活、实现成功并自由地表达自己的观点,但最后国家的发展是成功还是失败,取决于其国民会采取什么样的行动。李光耀的一番话导出了传统文化的重要作用,他说:"我们很幸运,因为我们的文化背景很好,我们崇尚节约、勤奋、

---

① [美]汤姆·普雷特:《新加坡建国之路:李光耀对话录》,张立德译,现代出版社,2011年,第191页。

孝顺和忠于家庭，最重要的是我们尊重学问和学习……我们在从农业社会向工业社会转型的过程中实现了某些变革。我们知道效仿西方和日本会有什么样的结果，他们给我们提供了前车之鉴。"①由此可以看出，传统文化在新加坡已经得到了很好的去粗取精，对它的继承和发扬已经成为人们一种自觉的习惯。传统文化的持久影响也可以在最根本上保证新加坡精英民主政治的稳定和持续发展。

新加坡大体继承了来自英国的议会选举制度。竞选中失败的一方会向胜利的一方表示祝贺。在 2011 年大选中，以外交部前部长杨荣文领队的人民行动党竞选团队输掉了阿裕尼集选区选举。在选举结果揭晓之后，人民行动党竞选团队走上讲台，杨荣文代表团队发表演讲，他首先祝贺与他竞争的工人党团队赢得选举，也感谢阿裕尼集选区的民众在过去几年对自己及其团队的支持，并预祝他们未来几年在工人党的照顾下生活得更好。杨荣文的表态让人想起孔子对君子之争的描述。他说："君子无所争。必也射乎！揖让而升，下而饮。其争也君子。"意思是说，君子没有什么可争的。如果一定要争，那就是射箭比赛。登台射箭之前，相互间要作揖礼让表示尊重；射完箭下台，相互间要举杯饮酒，祝贺对方。这种"争"也体现了君子之风。需要注意的是，"君子之争"之所以形成，是因为射箭比赛是游戏。有规则的竞争是游戏，无规则的竞争是玩耍。一般来说，东方文化注重通过人情化的协商达到和谐，西方文明强调通过规范化的竞争实现制衡。双方各有优劣，在新加坡，这种东西方的文化做到了兼容。

可见，作为民族基因的传统文化在新加坡得到了传承和发扬光大，它融

---

① 李光耀口述，格雷厄姆·艾莉森等编：《李光耀论中国与世界》，蒋宗强译，中信出版社，2013年，第 111 页。

合了西方文化中的优秀文明。正是对传统文化的重视和传承,使新加坡精英民主政治发展的纽带愈加牢固,无论哪个领导人上台,无论哪个政党赢得选举,传统文化的精髓一直都在,它的影响是深远且持久的。

三、"新生代"新加坡领导人和公民

李光耀认为,如果一位领导人不能坚定地领导就不可能明智地执政。"强权领袖可以作出能够持久的艰难决定;而懦弱的领袖由于作出差劲的决定或做不出决定,陷入绝境。"[1]也曾有人因为李光耀的强权而将其称为独裁者,他的理解是,如果说独裁,就意味着这个人的政策得不到民众的认可。而实际上,李光耀及其领导下的人民行动党的政策是每隔四五年就会接受人民检验的,超过60%的绝大多数民众通过选票的形式支持与认可了他的政策。如此,独裁之说便不攻自破。李光耀曾说:"若有必要,你可以国家发展和稳定之名,施行严格的国法,以及除去多元政治体制。但是你必须做出成绩。要不然,你所做的只不过是夺权而已。"[2]其中很明显体现出了他的实用理性主义理念:不拘泥于形式,为最多的人争取最好的福利。他是以成绩而不是以执行政策的过程作为行动导向的。新时代的领导人,从吴作栋到李显龙都明显保持并发扬光大了这种实用理性的精神,它作为一种执政理念已经深入每一位领导者和即将成为领导者的政党心中。归根结底,一个国家能够取得多大的发展和进步取决于领导者是否具有创新能力, 是否愿意开放性地学习借鉴先进经验,能否切实代表和反映绝大多数人的利益诉求,能否定期

---

① 　[美]汤姆·普雷特:《新加坡建国之路:李光耀对话录》,张立德译,现代出版社,2011年,第135页。

② 　[美]汤姆·普雷特:《新加坡建国之路:李光耀对话录》,张立德译,现代出版社,2011年,第196页。

接受人民的检阅并得到绝大多数人的认同和许可，以保有其继续执政的权力。毫无疑问，新加坡的领导人做到并坚守着这些法则，实现了新加坡的持续快速发展。

新加坡的公民，更大意义上指的是工人。作为新时代的公民，新加坡的公民应该具备哪些核心竞争力呢？首要的语言技术是掌握英语。因为英语在今天已不仅仅是一种竞争优势，所以很多国家都在努力让孩子们学习英语。在 21 世纪的新加坡，这是很多孩子想要具备的技能……如果一个人想要成功，就要掌握英语，因为这是一门在国际舞台上从事商业、科学、外交和学术活动时通用的语言。在新加坡，新时代的公民已经具备了学习英语的意识，他们懂得掌握这一工具的重要性，这一基本状况不会随着李光耀的离去而消失。作为新时代的公民，在掌握英语的基础上还要掌握一定的科学技术。李光耀认为，当今的时代与那些重复性的、依靠机器的时代不同，当下的工人必须更多地依靠自己的知识和技能。他们必须管理自己的控制系统，自我监督并承担改进自我的职责。他们必须接受良好的训练，能独立思考，并寻求取得卓越成就的机会。新经济形势下的工人不能满足于被动地解决问题以及完善固有的知识，他们必须具有企业家精神和创新精神，必须一直寻求新的工作方式，创造额外的价值，获得非同寻常的优势。一个成熟理性掌握技术的公民群体是新加坡精英民主政治得以持续发展的稳定基础。

第二节　后李光耀时代的新加坡

新加坡在不到半个世纪的时间内取得了举世瞩目的经济成就，得到了世人的关注和认可，然而对于其民主政治建设西方学者颇有微词。以美国学者亨廷顿为例，在其著作《第三波：二十世纪后期的民主化浪潮》一书中把新加坡列为当时"唯一没有建立民主体制的非石油高收入国家"，是"威权主义的儒教的反常现象"，并预言新加坡的这种制度将随着李光耀从政治舞台的消失而消失，因为没有西方式的民主，李光耀领导的政府，无法在他之后保持高水平发展。很显然，亨廷顿的这个预言没有成真。但是关于新加坡未来发展的问题，关于后李光耀时代新加坡的走向问题却一直是学术界关注的焦点。在后李光耀时代，新加坡的发展会不会发生巨大的变化？前进还是倒退？坚守自己的本色还是最后抵挡不过而被以美国为首的意识形态同化？新加坡的发展会不会从民主走向权威或集权或是愈益靠近西方式的民主？

李光耀在担任了31年的总理后，于1990年欣然卸下总理一职，让位给他的接班人吴作栋，可以说，这是新加坡精英民主政治的正式开端。吴作栋任期14年后把职位交给李显龙，权力顺利交接，精英民主政治持续发展。李光耀对此感到骄傲，他深知历史上的政治巨人如印度的尼赫鲁由于掌权太久而延滞了接班程序和他们国家的未来。这绝对不会是新加坡的方式，不是李光耀的方式。2011年5月14日，李光耀宣布退出新加坡内阁，从形式上宣布了一个时代的结束，这也是新加坡精英民主政治发展的必然。但是不管人在朝在野，李光耀对新加坡的影响力是不可忽视的。这也将是后李光耀时代一个典型的特征。

一、吴作栋时期的延续与创新

1990 年 11 月 28 日,李光耀卸任,吴作栋成为新加坡第二任总理。在谈到执政后的变与不变时,吴作栋如是说:"在政治哲学上,新政府与李总理领导的政府相异之处不多。过去 13 年来,我一直在李总理的政府内服务。因此,我接任总理后,在政策方面一定不会有激烈的变化。新政府将是原来的政府的延续。但现在,新加坡已经和从前不同了,新加坡人民也和从前不同。而且当今的领袖比较年轻,更能体会人民当前的意愿。因此,有些事情必须改变。我不是要着手创造一个新社会,只是要把目前我们自己所有的做得更好。"①在李光耀时期,践行的是一种实用理性的执政理念,它不分中西,不限左右,只是以是否符合新加坡政治发展的实际为根本标准。吴作栋时期继续延续了这种实用理性主义的理念,既保留了李光耀时期"家长制"的优势,又不断开放创新,使新加坡的精英民主政治进一步发展完善。

吴作栋与李光耀出生的年代不同,成长的经历也不一样。在继承了李光耀实用理性的基础上,吴作栋对民主有了更多的倾向与侧重,在想方设法保持经济健康快速发展的同时,行政上体现出更为协商、更为平等的方式与作风,实行了许多具有新意的民主行政举措。他首先是营造"社会开放、管制宽松"的行政环境,如解禁口香糖、允许人们参与蹦极跳活动、允许吧台跳舞及坦然对待大学生论政等。他说:"这是一个完全开放的社会,新加坡人行遍天

① ［新加坡］吴作栋:《行动党的三大政治纲领》,《联合早报》,1992 年 6 月 15 日。

下,他们也看新闻、浏览互联网,他们知道新加坡和其他地方的不同情况。想来新加坡的人多过想离开的人,这是最终的考验。人们的实际行动反映了他们的决定。"①其次,吴作栋政府还创立了"引导正确、参与积极"的行政文化。李光耀主政时期,新加坡政治高度集权,政府实行一手包办的"家长制"作风,人民就像政府的儿女一样,不管在事关自己利益与否的大小课题上都没有参与决策、发表自己意见的权力。这种情况的形成与那个时代的国情和历史文化有关,而且在李光耀的这种领导方式下,新加坡取得了举世瞩目的成就。但是随着全球化浪潮的影响,新加坡新一代公民的成长和需求,一手包办的方式不再适合时代和大部分国民的需求,他们要求参与政治,要求对国家课题发表自己的意见。吴作栋时期,为了回应这种需求,做了一些政策调整,增加了人民参与政策的范围和渠道,一定程度上稀释了长期积压在人民内心的怨气,同时增进了人民的归属感和凝聚力,营造了一种积极参与的政治文化,使新加坡社会更具活力,精英民主政治的发展愈加成熟。最后,吴作栋政府还创制了"价值合理、运作规范"的行政程序。李光耀时期,新加坡所达到的经济增长、社会稳定和人民生活的改善是一种实实在在的实质性民主的体现,即李光耀时期主要侧重于民主的目标、内容、主体和价值。在此基础上,吴作栋所注重的是完善法治、讲究规则、依照程序,这是一种程序性民主的体现,即吴作栋时期更注重民主过程的先后顺序及其相关制度性规定,强调民主的机制、规则和程序。

吴作栋时期的新加坡政治也体现了一种对儒家文化的继承,即精英治国,这是由新加坡的国情需要决定的。作为华人和倡导以儒家思想治理国家

---

① 《何时举行大选? 行动党随时做好准备》,《联合早报》,2001 年 1 月 11 日。

的政治领袖,吴作栋政府很好地做到了传承过去和连通未来。他所传承的过去主要是指儒家民本思想。儒家思想高扬民本,其政治理念是以人为本,"民为邦本,本固邦宁"。这种民本主义强调民有,即人民为国家之主体和民享,即人民为政治之目的两个方面。在新加坡,民本主义的实践者代表是第一任总理李光耀,吴作栋继承了李光耀时期所践行的儒家民本主义。吴作栋在接受《远东经济评论》专访时他说:"延续了李光耀资政的多数政策"。当 CNN 记者问及他的行政方式跟李光耀有何相同之处时,吴作栋又说,"我们在政策上很少有意见分歧,在治国的态度和价值观方面也看不出有何不同"①。吴作栋对儒家民本的继承主要体现在确立"重视民意、纾解民怨"的行政意识,树立"良好政府、体恤民情"的行政理念和采行"变通灵活、人情味浓"的行政举措,等等。

综上所述,吴作栋政府时期,保证了政治的稳定与发展、经济的繁荣与增长及社会的进步与和谐。无论是出于民本考虑对传统文化的继承,还是出于民主考量对精英民主的延续,这些都和李光耀治理下的新加坡是一脉相承的。在吴作栋时期,新加坡的精英民主政治最终形成并逐渐发展起来。

二、李显龙时期的重塑新加坡

2004 年 5 月,李显龙开始担任新加坡总理。在李显龙时期,新加坡的发展体现为一种传承基础上的重造。李显龙之所以提出重造新加坡的口号,是和其个人的经历及时代背景密不可分的。李显龙从小接受精英教育培训,受

---

① 《总理接受 CNN 访问答问录》,《联合早报》,2004 年 1 月 25 日。

家庭环境的影响"对政府和国家大事感兴趣"。他认为,新加坡在经历了20世纪80年代的"再造新加坡"①和90年代的"无限新加坡"②时代后,为了应对当下新的发展形势,如1997年金融危机之后,新加坡虽然成功实现了经济复苏,但仍面临诸多问题;再如"非典"的影响等,政府必须"重造",摒弃不适宜的政策,调整经济发展的策略,"为了生存与发展,新加坡必须提升国内的各行各业,并且拓展新的和富有增长潜能的领域"③。2005年,李显龙提出了"重塑新加坡"的口号。

"重塑新加坡"口号的提出绝不是朝夕之功,它经历了一个探索发展的过程。早在1986年,新加坡经济委员会就提出了"新加坡再造计划",是为重塑新加坡的源头。五年之后,1991年,新加坡成立了"新加坡重造委员会",负责考察制定21世纪新加坡发展方针,着重探讨新加坡在政治、社会、文化方面的发展,以及人民和政府心态的改变。"重塑新加坡"呼之欲出。进入21世纪,"重造新加坡"的口号被明确提了出来。2005年,李显龙在国庆群众大会上发表讲话,将主题明确定位为"重塑我们的家园",正式提出了重塑新加坡的口号。从宏观来讲,重塑新加坡的提出,经历了从注重立足本地发展的再造新加坡,到侧重区域发展的无限新加坡,再到集政治、经济、文化于一体的重塑新加坡的过程。李显龙曾说:"我的主题一直是一起重塑新加坡,并善用

---

① 所谓"再造新加坡"主要是指20世纪80年代,从维持竞争力的价值链观点出发重新审视新加坡的经济发展,将新加坡再造定位在"把新加坡发展为具有全球商务能力的全球化城市"。此解释参见曾振木等著:《心耘——群经济精英打造新加坡成为第一的关键历程》,上海教育出版社,2006年,第203页。

② 所谓"无限新加坡"主要是指20世纪90年代,在全球化观念已在新加坡国内被普遍接受的背景下,要通过各种途径来与国际接轨,让新加坡成为国际化城市,从新加坡公司变成"无限的新加坡"。

③ 《李副总理:新加坡经济已复苏,但仍然面对不少问题》,《联合早报》,2002年8月4日。

每个国民的贡献，充分发挥每个人的才华，为所有的人开创机会。"①可以说，重塑新加坡的理念一直贯穿于李显龙执政时期的始终。

李显龙时期的"重塑新加坡"是通过相应的政治实践体现出来的。主要表现为三个方面：第一，精英政治指导下的柔性权威。所谓柔性权威是指基于被统治者道德认可和服从的、极具弹性和张力的政府权威。其合法性的维护和巩固必须从道德层面入手，它要求受人尊重，而不是讨人喜欢，拒绝避重就轻原则。柔性权威注重精英政治，以价值永恒的传统道德观念为基石，以德能善政为支撑。李显龙所倡导践行的柔性权威不同于西方以民众的认同或认可为基础的形式，而是侧重于精英政治的形式，同时认为必须采取一种超然的态度去对待政治治理。②这一点与李光耀的主张一脉相承，典型地继承了李光耀的精英治国思想。第二，多元政治呼声下的渐进民主。渐进民主就是透过谨慎有效的架构渐进稳步地促进良好的治理，多元政治呼声下的渐进民主顺应世俗社会的人心，目的不是为了民主而民主，而是为了改善国家的治理，维护国家的统治。新加坡虽然从英国手里继承了一套以民主主义为依归的法律和体制，但是在整治活动上缺少了西方民主开放自由的典型特征。李显龙的渐进民主依据自身的特殊国情，进行了调整，如在芳林公园，允许"安全情况下"的户外示威，提出"新媒体政府"口号，做好信息时代的领袖中心等。与过去相比，新加坡政府通过"新的权力服务功能定位来代替原有的权力控制的强制性，在这里，权力仅仅是公共行政服务于社会的必要手段，是各种社会力量、不同社会阶层和社会集团的相互冲突着的利益追求的整合力量，而不是压迫整个社会的力量。这种权力价值的转变意味着权

---

① 《李总理国庆群众大会演讲》，《联合早报》，2005 年 8 月 22 日。
② 《李副总理接受亚洲新闻台访问》，《联合早报》，2000 年 1 月 4 日。

力针对整个社会的至高无上性不复存在"①,民主政治逐渐走向了正规。这和吴作栋政府时期着力追求的目标是相一致的，吴作栋民主与民本思想的实质也正是这种以服务人民为核心的民主政府的建立。第三,理性政治引领下的动态管制。所谓动态管治是指根据环境的变化,在独特情境下本着基础理念对认识到的问题进行渐进变革，提出创新性概念与政策，对政策有力执行,适应变化发展的一系列动态过程。②它以实用理性为标准,注重务实的变化,并以此为指导,在新加坡形成了适应性变化的变通力、讲究实际效用的实用理性和稳中求变的渐进理性。例如,在施政过程中的适时而变,翻开"石头"③重新观察问题、顺势而为,检查"石头"重新修订政策和因地制宜,归位"石头"重新运转机制等。这是自李光耀以来一直强调的实用理性在 21 世纪的新加坡所作出的完美诠释。

综上所述,李显龙自 2004 年 5 月出任总理以来,多次率领新加坡经济夺取"四小龙"之冠,经济高速增长,就业率稳步升高,实现了"新加坡的第二次腾飞"。他所倡导的"重造新加坡"的巨大工程是在综合考虑国内外环境后实施的,无论是精英政治指导下的柔性权威,多元政治呼声下的渐进民主,还是理性政治引领下的动态管理都与开国元勋李光耀一脉相承,是对李光耀的精英治国理念在新时期的重新阐释,也是对吴作栋政府时期民本和民主思想的进一步升华,更预示着新加坡精英民主政治的逐渐成熟。

---

① 张康之:《论公共领域中的能力本位》,《甘肃行政学院学报》,2005 年第 3 期。

② Neo Boon Sion, Geraldine Chen, And Hackensack, *N.J. Dynamic Governance*: *Embedding Culture*, Capabilities and Change in Singapore ,Singapore: World Scientific, 2007.

③ "石头"一说是李显龙在赌场解禁时所强调的"把每一块石头都翻开来检查,有问题就纠正,没问题才能放回去"。刚开始专指来自周边国家威胁,促使赌场开放这个禁忌问题。后特指一切政治发展中出现的禁忌问题。

三、未来的调整与适应

李光耀带领新加坡创造了政治经济发展的神话,其权威和影响力不可忽视。2015年李光耀病逝后,新加坡的发展与调适成为学术界关注的焦点。截至今天,新加坡并未因李光耀的离世而发生颠覆或动荡。新加坡的未来会是怎样的状态,"应该交由现任和未来的领袖,随着社会和科技的改变去修改和调整制度"。

第二任总理吴作栋对于国家发展的走向也有着清醒的认识,他认为任何贤明的政治领袖及完好的国策都会出现差错,只要国家领导层能及时知觉,跟着时代的转变,采取适时的新政策,错误是可以补救的。他还列举出一些以后可能导致新加坡没落的问题,如人民要求过高、人口日趋老化、出生率不断下降、人才外流日增、人口结构改变、领导层不够强,等等。对于新加坡的未来,吴作栋在一次对外访谈中说:"新加坡原有的制度已经发挥了它的作用,只是政府领导人经常在往前看,未来的新加坡该怎么样发展,应该由年轻一代来决定,因为他们对自己及新加坡未来的期望同上一代是不同的。"所以政府要人民公开参与讨论并对重造新加坡提意见,以便集思广益,使未来的新加坡能够发展得更好,更能符合广大人民的愿望。①

现任总理李显龙也没有回避以后新加坡的发展问题,他的天道、地道和人道论给新加坡未来的走向指明了方向。2007年,李显龙在为吕元礼的著作《新加坡为什么能》作序时说:"新加坡完全沉浸在全球化的大潮中……全球

---

① 刘松涛:《新加坡可以更繁荣》,新华出版社,2012年,第26页。

化的趋势,日新月异的科技正加速人类社会的变化。为求生存与发展,所有国家都得寻找全新对策,为了与时并进,发展方向和心态的改变是在所难免的。但是,我们不应该丢弃那些价值永恒的政策和道德观念。"①这里,因应形势变化以"寻找全新对策",为了"与时并进"而改变"发展方向和心态",说的是立足现实时空;"不应该丢弃那些价值永恒的政策和道德观念",说的是要坚守永恒的价值;李显龙在2008年接见选民时对观摩采访的《南方日报》记者说:"选票掌握在选民手中,得不到民心就得不到选票",可以看出,他注重的是世俗社会的人心。在兼具对实际国情、理想信念和人心向背的考量之下,李显龙政府必将在新加坡的发展史上留下光辉的一页。

　　总之,新加坡在经历了李光耀、吴作栋两届政府及至李显龙时期,已经形成了一套适合自身发展的体系,那就是已经形成的以政党和议会制度为核心的制度基础、完善法律体系之下的法治基础、政党与其他社会组织构成的政治行为主体和以精英教育为载体形成的信仰与价值观,这些构成了新加坡精英民主政治运行的基本结构。随着时代的发展,这一精英民主政治结构会日渐完善,但会是在可控范围内的变化,因为其独具特色的传统文化价值、具有参与意识的群体以及快速应对环境改变的政府组成了一个有机体系。而新加坡发展的实践也充分证明,精英民主政治模式是适应并促进了新加坡的发展的,在未来很长时间内这三者会保持平衡和谐的关系,继续着新加坡稳定发展之途。

---

①　吕元礼:《新加坡为什么能》(上卷),江西人民出版社,2007年,第2页。

第三节　精英民主政治的特殊性与普遍性

俞可平先生认为，民主首先是一种国家制度，作为一种国家制度的民主，指的是"人民的统治"。任何一种国家制度都需要精英人物，需要权力的集中，需要秩序的井然，需要一定程度的服从。民主国家的发展也正印证了精英与民主之间的这种互动与互为依存的关系。这一点在新加坡体现得尤为明显，这是新加坡精英民主政治发展的特殊性所在。充分发挥精英的作用，又有民主制度的约束和保障，这是新加坡政治发展取得成功的精髓所在。新加坡人民精英民主政治的实践对现在实行政党政治的国家的启示在于：一个执政为民，一心要为人民谋幸福的政党，要善于把政治观念转化为制度的细节。只有有效的制度才能给执政党持续不断的动力，使政治理念落到实处；只有精心设计的科学制度，才能使党和群众保持良性互动；只有在有约束力的制度下，党和政府才能是实实在在为人民办事，才能得到人民的认同。新加坡的实践再次证明，再好的观念，如果没有制度的保证和约束，仅仅依靠精英人物的主观自觉，很难实现政治的长久发展。同时，精英人物的掌控和民主制度的保障也在世界任何一个民主国家都有适应性，这体现了精英民主政治的普遍性。

一、新加坡精英民主政治的特殊性

由于新加坡立国时间短、历史复杂、情况特殊，是一个多元种族的移民小国,人民凝聚力和归属感还需要大力培养。政府为了确保国家和人民的安全,必须拥有强大的财力资源,让"国家先富起来",政府必须在企业占有较大的分量,不必减少参与经济,这是无可厚非的。就像在接受美国记者汤姆·普雷特的采访中,李光耀所说的,"我们新加坡有着不同的起跑点。你的世界观和我的是不同的,我的目标跟你的也不一样"①。因此,提高行政效率,强化集体意识,增强民族凝聚力,推动经济快速发展都是新加坡必须要做到的,这就要求精英人物充分发挥领导带动作用,培养人才,重视精英。同时,英国殖民的历史给新加坡留下了民主制度的框架体系和法治基础,随着经济的复苏和人民教育水平的提高,中产阶级群体出现,民众的民主意识逐渐增强,越来越倾向于表达自己的声音,表现出对政治活动的积极主动参与,这些都决定了新加坡必须走民主的道路。结合这样特殊的历史、复杂的民族结构、政治经济发展的实际,新加坡找到了适合自身的精英民主政治模式。

新加坡的发展毫无疑问属于民主模式,但它不是基于西方判断标准上的民主,而是在内外因结合之下形成的一种适合自身发展的精英民主模式。英国殖民政府留下的有政治遗产也有残渣,新加坡人民行动党政府继承了政治的遗产如有效率的文官体制,负责任的公民社会及法律高于一切的独立司法体制。新加坡朝向精英民主政治发展的真正外部威胁来自两个方面:第一,新加坡在1963年加入马来西亚,受印尼恐吓,切断贸易,新加坡与中央政府的关系又不和谐,1965年被逼独立,必须求存。第二,1967年英国决定从远东撤军,新加坡必须加速工业化进程,建立军队,修订劳工法等。新加坡走向精英民主政治的根源在国内,那就是新加坡独特的地理与人口结构,

①　[美]汤姆·普雷特:《新加坡建国之路:李光耀对话录》,张立德译,现代出版社,2011年,第161页。

一方面新加坡无天然资源，只有人是唯一的资源。另一方面，新马分家，当时只有约 200 万人口，第一代政治家不少来自马来半岛，独立后人才来源中断。所以，新加坡急需培养和挖掘引领国家发展的精英人才。精英主义作为一种理念源于英国殖民地时代，当时就大力培养精英成为公务员，但是那个时候是有局限性的，培养的精英仅限于效忠英国的英文教育子弟。新加坡独立后，精英政治成为人民行动党的治国哲学，它的精英教育与奖学金体制对新加坡精英政治的形成起着关键性的作用。例如现任总理就是总统奖金得主，还有不少部长也是武装部队海外奖学金得主，他们也分布在不少的政府与法定机构担任要职。

新加坡精英民主政治的形成正是基于自身的地理、人文与资源环境的实际，也正是这样的模式使得最大多数人的利益得到了反映和保障。五年一次的选举使得民众的意见得到反馈和采纳，一旦执政党不能很好地表达和反映民意，那么民众就可以通过投票使执政党认识到问题所在，不断完善执政方式，或者是产生新的最能反映最大多数人意愿的政府，这样就形成了一定的纠错机制。新加坡社会发展的现实也确凿证明了，精英民主政治真正反映最大多数人意愿，是一种完全适合新加坡实际并取得了很大成功的民主政治模式，有它的住房制度，覆盖绝大多数人的福利制度，排名世界前列的幸福指数等为证。

二、精英民主政治的普遍性

民主政治自产生之后就受到了广泛的欢迎和支持，成为世界上绝大多数国家的政治选择。在现当代，"世界上绝大多数国家都把自己的政治制度称为民主制度"①,民主政治的普遍性日益凸显。

综观世界上任何一个国家的民主制度,尽管形式多样,语言表述有别,但还是有一些共同的本质特征的。第一,领导人是通过选举产生的。在所有自称民主的国家中,掌握权力的领导人都是直接或间接地通过选举产生的。可以说,民主政治就是一种普选政治。同时,这种普选也可以理解为是执政党在定期接受民众的检查,民众通过自己手中的选票决定他们是否通过检查,如果不能及时反映最大多数人的利益诉求则无法赢得选举,从而限制了权力的滥用,形成了有效的监督制约和纠错机制。第二,实行依法治国。在民主国家,权力的合法性来源是法律,法律是国家政策制定和行为体行为规范的最高行为准则。每个公民在宪法允许的范围内都有最大限度的自由言论权和自由选择权;当公民与政府之间,或者公民与公民之间的意见相左时,遵循少数服从多数,多数保护少数的原则。民主政治是一种法治。第三,民众积极参与。在民主国家,每个公民都有参与政治的机会和条件;国家鼓励而不是禁止公民的积极参与,包括竞争式的政治参与。同时,民众为了个人利益诉求和国家整体发展,有积极主动参与政治活动的意识。从这个意义上来说,民主政治是一种参与政治。

精英民主政治作为民主政治在 20 世纪以来的表现形式,更典型地体现了民主政治的本质,是民主政治发展过程中的必然。精英统治和支配社会是一种必然不可改变的规律,任何社会包括民主社会都避免不了这个规律。②在任何国家,包括民主国家都是精英统治,这已经是理论和实践中不争的事实。精英民主政治的普遍性受两个方面因素的影响。一是信息的不对称。所

---

①　俞可平:《民主与陀螺》,北京大学出版社,2006 年,第 25 页。

②　郎兴友:《发展中的民主:政治精英与村民选举》,西北大学出版社,2009 年,第 249 页。

谓信息不对称是说不同社会行为体之间掌握信息的数量、及时性和有效性都是不一样的,在精英和大众之间会出现严重倾斜。掌握准确的信息是每个行为者进行决策的第一要素。有了信息才能够正确决策,才能有效行动。在精英和大众之间,信息是不对称的。精英通过各种渠道掌握大众所不能获得的信息,并且把这种资源优势和信息优势转化为自己的能力优势。由此,精英在获得统治权方面已经领先一步。二是能力的不对称。虽然在民主社会讲求人人平等,但权利的平等不等于能力的对称。个人能力的大小和他的生长环境、性别性格、受教育程度、工作情况等密切相关,在各方面占据优势的人必将拥有高于别人的能力,这是社会发展的正常现象,也是普遍现象。这也注定了会有精英和大众的区别。这种政治能力的不对称是精英治理的社会基础。如前所述,精英会获取不对称的信息,因此精英同大众之间掌握获取信息的能力是不对称的,与大众相比较,精英通过大众所不能接触的渠道来独自占有信息资源,同时,他们又通过这种资源优势来提升自己的政治能力优势,从而造成了精英同大众之间的能力不对称。综上所述,信息不对称和能力不对称的普遍性也导致了民主政治中精英统治的普遍性。

在精英民主政治中,精英和民主是密不可分的。脱离了民主谈精英,只能走向精英专制的极端,不符合社会发展的趋势,而离开了精英的民主也没有明确的前途,甚至有可能走向暴民政治,更不是社会发展的需求。在精英民主政治中,民主是其发展的根本前提和底线原则,如果没有了民主,精英的统治就难以获得人民的认同,执政基础不牢,权力的合法性也会逐渐丧失。特别是在当今民主观念已深入人心之时,民主原则就显得尤为重要,失去民主会有可能导致精英民主政治走向终结。同样,作为政治发展理想的民主模式更需要精英的力量。正如布赖斯所言:"大概没有什么统治方式比民主更需要伟大的领袖了。"①总之,要实现民主政治的健康持久发展,就必须把民主和精英有效结合起来,以各个国家的具体国情为土壤,才能使精英民主政治之花永不凋零。

---

① ［美］乔·萨托利:《民主新论》,冯克利等译,东方出版社,1998年,第183页。

结　语

　　民主的本质是竞争,多党之间可以有竞争,一党之内的不同领导人之间也可以竞争,政党只不过是组织竞争的平台罢了。保证候选人的品质、才能,老百姓的投票才有意义。这一点新加坡做得很好。民主不一定就是反对声音越大越好,关键是竞争。反对不一定要在外部,在内部也可以。无论哪个政党,都是为了这个国家的利益,不是为了夺权而夺权,如果实行的是一党制或者一党独大的制度,党内的竞争就变得非常重要。像日本的自民党,党内的精英妥协就是精英的制度性竞争。当然,最理想的是党内投票。这种投票,可以是全体党员投票,也可以是间接投票。在党内民主方面,中国的全过程人民民主是新时代民主政治发展的重大创新和进步,以人民为中心,切实维护和实现人民群众的根本利益, 这才是执政党永久立于不败之地的核心密码。反观以美国为代表的民主国家,其所谓的民主也并非人人享有平等的充分的等价的权力,美国的民主党和共和党的候选人,也是党内各种势力竞争的结果,最后让老百姓去投票选择。

　　新加坡精英民主政治的实践对现在实行政党政治的国家的启示在于:

一个执政为民,一心要为人民谋幸福的政党,要善于把政治观念转化为制度的细节。只有有效的制度才能给执政党持续不断的动力,使政治理念落到实处;只有精心设计的科学制度,才能使党和群众保持良性互动;只有在有约束力的制度下,党和政府才能实实在在为人民办事,才能得到人民的认同。新加坡的政治发展实践再次证明, 只有精英人物的主观自觉加上民主制度的保障约束,才能最终实现国家的长治久安;只有既能代表绝大多数人的利益又存在有效纠错机制的民主才是真正的民主。

参考文献

一、中文文献

（一）中文著作

1.曹云华:《新加坡的精神文明》,广东人民出版社,1992 年。

2.曹云华:《亚洲的瑞士:新加坡启示录》,中国对外经济贸易出版社,1997 年。

3.陈尤文等主编:《新加坡公共行政》,时事出版社,1995 年。

4.陈岳、陈翠华:《李光耀——新加坡的奠基人》,时事出版社,1990 年。

5.陈祖洲:《新加坡:"权威型"政治下的现代化》,四川人民出版社,2001 年。

6.丛日云:《当代世界的民主化浪潮》,天津人民出版社,1999 年。

7.郎兴友:《发展中的民主:政治精英与村民选举》,西北大学出版社,2009 年。

8.李良栋:《"第三波"与 21 世纪中国民主》,中共中央党校出版社,2001 年。

9.李路曲:《当代东亚政党政治的发展》,学林出版社,2005 年。

10.李路曲:《东亚模式与价值重建》,人民出版社,2002年。

11.李路曲:《新加坡现代化之路:进程、模式与文化选择》,新华出版社,1996年。

12.李韶鉴:《可持续发展与多元社会和谐:新加坡经验》,四川大学出版社,2007年。

13.李晓:《东亚奇迹与强政府——东亚模式的制度分析》,经济科学出版社,1996年。

14.李一平、周宁:《新加坡研究》,国际文化出版公司,1996年。

15.李玉梅:《新加坡建国历程》,(新加坡)国家文物局,1998年。

16.凌翔、陈轩:《李光耀传》,东方出版社,1998年。

17.刘国雄:《新加坡的廉政建设》,人民出版社,1994年。

18.卢正涛:《新加坡威权政治研究》,南京大学出版社,2007年。

19.鲁虎:《列国志——新加坡》,社会科学文献出版社,2004年。

20.吕元礼:《新加坡为什么能?》,江西人民出版社,2007年。

21.吕元礼:《亚洲价值观:新加坡政治的诠释》,江西人民出版社,2002年。

22.吕元礼:《鱼尾狮智慧:新加坡政治与治理》,经济管理出版社,2010年。

23.罗佩恒、罗佩:《新加坡简史》,(新加坡)新华文化事业有限公司,1996年。

24.罗荣渠:《现代化新论——世界与中国的现代化进程》,北京大学出版社,1995年。

25.罗荣渠:《现代化新论续篇——东亚与中国的现代化进程》,北京大学出版社,1997年。

26.马志刚:《新兴工业与儒家文化——新加坡道路及发展模式》,时事出版社,1996年。

27.孙景峰:《新加坡人民行动党执政地位延续机制研究》,博士后报告,2008年。

28.孙景峰:《新加坡人民行动党执政形态研究》,人民出版社,2005年。

29.汪慕恒主编:《当代新加坡》,四川人民出版社,1995年。

30.王瑞贺:《新加坡国会》,华夏出版社,2002年。

31.王文钦:《新加坡与儒家文化》,苏州大学出版社,1995年。

32.王文钦:《新加坡与儒家文化》,苏州大学出版社,1995年。

33.韦红:《新加坡精神》,长江文艺出版社,2000年。

34.许心礼主编:《新加坡》,上海辞书出版社,1983年。

35.严实:《新加坡的廉政与社会管理》,华夏出版社,1993年。

36.曾玲:《越洋再建家园——新加坡华人社会文化研究》,江西高校出版社,2003年。

37.张青:《出使新加坡》,中央文献出版社,2002年。

38.张锡镇:《东亚:变幻中的政治风云》,中国国际广播出版社,2002年。

39.赵虎吉:《比较政治学:后发展国家视角》,中山大学出版社,2002年。

40.赵虎吉:《揭开韩国神秘的面纱——现代化与权威主义:韩国现代政治发展研究》,民族出版社,2003年。

41.赵虎吉:《政治学基本问题》,中共中央党校出版社,2012年。

42.赵文春、张振国:《瞩目新加坡》,中国城市出版社,2004年。

43.郑维川:《新加坡治国之道》,中国社会科学出版社,1996年。

44.中国精神文明考察团:《新加坡的精神文明建设》,红旗出版社,1993年。

(二)外文译著

1.[德] 哈贝马斯:《合法化危机》,刘北成等译,上海人民出版社,2000年。

2.[德] 罗伯特·米歇尔斯:《寡头统治铁律:现代民主制度中的政党社会学》,任军锋等译,天津人民出版社,2002年。

3.[法] 托克维尔:《论美国的民主》(上、下卷),董果良译,商务印书馆,1997年。

4.[马来西亚] 冯久玲:《亚洲的新路》,北京大学《亚洲的新路》翻译组译,经济日报出版社,1998年。

5.[美] E.布莱克:《比较现代化》,杨豫等译,上海译文出版社,1996年。

6.[美] E.布莱克:《现代化的动力》,景跃进等译,浙江人民出版社,1989年。

7.[美] 阿尔蒙德、鲍威尔:《比较政治学》,曹沛霖译,上海译文出版社,1987年。

8.[美] 阿尔蒙德、维巴:《公民文化——五个国家的政治态度与民主》,徐湘林等译,华夏出版社,1989年。

9.[美] 巴林顿·摩尔:《民主和专制的社会起源》,拓夫等译,华夏出版社,1987年。

10.[美] 戴维·伊斯顿:《政治生活的系统分析》,王浦劬译,华夏出版社,1998年。

11.[美] 杜维明:《新加坡的挑战》,高专诚译,生活·读书·新知三联书店,1989年。

12.[美] 亨廷顿:《变化社会中的政治秩序》,李盛平等译,华夏出版社,1988年。

13.[美]亨廷顿:《第三波:二十世纪后期的民主化浪潮》,刘军宁译,上海三联书店,1998年。

14.[美]亨廷顿:《难以抉择——发展中国家的政治参与》,汪晓寿、吴志华、项继权译,华夏出版社,1989年。

15.[美]霍华德·威亚尔达:《民主与民主化比较研究》,榕远译,北京大学出版社,2004年。

16.[美]克罗齐:《民主的危机》,马殿军等译,求实出版社,1989年。

17.[美]利普哈特:《民主的模式——36个国家的政府形式和政府绩效》,陈崎译,北京大学出版社,2006年。

18.[美]罗伯特·达尔:《多元主义民主的困境——自治与控制》,尤正明译,求实出版社,1989年。

19.[美]罗伯特·达尔:《论民主》,李柏光等译,商务印书馆,1999年。

20.[美]罗伯特·达尔:《民主理论的前沿》,顾昕等译,生活·读书·新知三联书店,1999年。

21.[美]罗伯特·达尔:《现代政治分析》,王沪宁等译,上海译文出版社,1987年。

22.[美]罗伯特·古丁等:《政治科学新手册》(上、下),钟开斌等译,生活.读书.新知三联书店,1997年。

23.[美]罗伯特·帕特南:《使民主运转起来》,王列等译,江西人民出版社,2001年。

24.[美]诺斯:《制度、制度变迁与经济绩效》,杭行译,上海人民出版社,2008年。

25.[美]萨托利:《民主新论》,冯克利等译,上海人民出版社,2009年。

26.［美］萨托利：《政党与政党体制》，王明进译，商务印书馆，1995 年。

27.［美］托马斯·戴伊等：《民主的嘲讽》，孙占平译，世界知识出版社，1991 年。

28.［美］西摩·马丁、李普塞特：《政治人——政治的社会基础》，张绍宗译，上海人民出版社，1997 年。

29.［美］约翰·邓恩：《民主的历程》，林猛等译，吉林人民出版社，1999 年。

30.［美］约瑟夫·熊彼特：《资本主义、社会主义与民主》，吴良健译，商务印书馆，1999 年。

31.［南朝鲜］金日坤：《儒教文化圈的伦理秩序与经济》，邢东田等译，中国人民大学出版社，1991 年。

32.［新］冯清莲：《新加坡人民行动党：它的历史、组织和领导》，苏宛蓉译，上海人民出版社，1975 年。

33.［新加坡］李光耀：《风雨独立路——李光耀回忆录》，外文出版社，1998 年。

34.［新加坡］李光耀：《经济腾飞路——李光耀回忆录》，外文出版社，2001 年。

35.［新加坡］李光耀口述，艾莉森等编：《李光耀论中国与世界》，蒋宗强译，中信出版社，2013 年。

36.［新加坡］李光耀：《李光耀回忆录——我一生的挑战 新加坡双语之路》，译林出版社，2013 年。

37.［新加坡］李元瑾主编：《新马华人：传统与现代的对话》，南洋理工大学中华语言文化中心，2002 年。

38.［新加坡］梁文松、曾玉凤：《动态治理：新加坡政府的经验》，陈晖等译，中信出版社，2010年。

39.［意］维尔弗雷多·帕累托：《精英的兴衰》，刘北成译，上海人民出版社，2003年。

40.［英］W.G. 赫夫：《新加坡的经济增长——20世纪里的贸易与发展》，牛磊等译，中国经济出版社，2001年。

41.［英］戴维·赫尔德：《民主的模式》，燕继荣译，中央编译出版社，2004年。

42.［英］戴维·赫尔德：《民主与全球秩序》，胡伟等译，上海人民出版社，2004年。

43.［英］皮尔逊：《新加坡史》，新加坡翻译小组，福建人民出版社，1972年。

（三）报刊文章

1. 埃里克西、谧谷：《新加坡政治自由化前景》，《南洋资料译丛》，1994年第Z1期。

2. 薄智跃：《新加坡大选与政治文化变迁》，《南风窗》，2011年第12期。

3. 陈祖洲：《试论新加坡的政治控制系统》，《南京大学学报》，1999年第4期。

4. 崔晓彤、赵丽敏：《新加坡权威党制对中国实现政治稳定的启示——基于现代化视角的分析》，《辽宁教育行政学院学报》，2009年第5期。

5. 董琼华：《儒家文化、东方式民主及其前景研究——以韩国、台湾和新加坡为例》，《中共四川省委省级机关党校学报》，2010年第1期。

6. 高奇琦、李路曲：《新加坡公民社会组织的兴起与治理中的合作网络》，《东南亚研究》，2004年第5期。

7. 郭榛树：《新加坡人民行动党的执政方式评析》，《岭南学刊》，2008年第 5 期。

8. 洪艺菁:《中国领导人访新:从"取经"到"叫板"》,《河南师范大学学报》,2008 年第 6 期。

9. 侯松岭:《冷战后中国与新加坡关系的发展》,《当代亚太》,2000 年第 7 期。

10. 黄冠军、吕元礼:《系统论视角下的新加坡公职人员薪金制度》,《当代世界》,2008 年第 4 期。

11. 黄锐波、吕元礼:《新加坡"托管式民主"分析》,《东南亚纵横》,2004 年第 6 期。

12. 黄叶微:《浅析"亚洲价值观"影响下人民行动党的执政理念》,《法治与社会》,2007 年第 8 期。

13. 李保英、高奇琦:《"亚洲价值观"与新加坡民主政治》,《社会科学战线》,2004 年第 1 期。

14. 李济时:《浅析新加坡人民行动党与国会的关系》,《东南亚纵横》,2008 年第 7 期。

15. 李路曲:《关于新加坡政党体制的几个问题》,《河南师范大学学报》(哲学社会科学版),2004 年第 1 期。

16. 李路曲:《论新加坡的政治发展》,《东南亚研究》,1992 年第 Z1 期。

17. 李路曲:《试析新加坡政治的特色——兼与韩国、台湾、香港比较》,《当代亚太》,1996 年第 6 期。

18. 李路曲:《新加坡社会的政治价值观及其作用》,《现代国际关系》,1997 年第 3 期。

19. 李路曲:《新加坡与我国政治发展模式比较》,《理论探索》,2008 年第 4 期。

20. 李路曲:《新加坡政治发展路径探析》,《河南师范大学学报》,2007 年第 6 期。

21. 李路曲:《新加坡政治发展模式比较研究》,《社会主义研究》,2008 年第 1 期。

22. 李文:《新加坡大选:威权模式变脸》,《人民论坛》,2011 年第 16 期。

23. 廖小健、郐清良:《新加坡政治转型探究》,《东南亚纵横》,2004 年第 9 期。

24. 林德浩:《新加坡核心价值观与共同价值观探微》,《山西大同大学学报》(社会科学版),2010 年第 5 期。

25. 刘水芹:《新加坡政治现代化模式探究》,《法治与社会》,2008 年第 9 期。

26. 吕元礼、黄卫平:《新加坡,一党独大的人才保证》,《人才资源开发》,2009 年第 10 期。

27. 吕元礼:《李光耀评说好领导》,《决策》,2010 年第 11 期。

28. 吕元礼、梅黎明:《人才、文化、制度:新加坡经验与中国之思》,《河南师范大学学报》(哲学社会科学版),2008 年第 6 期。

29. 吕元礼、邱全东:《新加坡人民行动党执政后的政党文化转型》,《河南师范大学学报》(哲学社会科学版),2004 年第 1 期。

30. 吕元礼:《试论新加坡模式与新加坡式民主》,《城市观察》,2011 年第 1 期。

31. 吕元礼:《探析李光耀的儒家价值观》,《社科与经济信息》,2002 年第 6 期。

32. 吕元礼:《新加坡的和谐社会是如何造就的》,《人民论坛》,2010 年第

19 期。

33. 吕元礼:《新加坡的理念: 高薪养贤, 厚禄养廉》,《中国党政干部论坛》,2001 年第 4 期。

34. 吕元礼:《新加坡"家庭为根"的共同价值观分析》,《东南亚纵横》,2002 年第 6 期。

35. 吕元礼:《新加坡廉政之道的全方位剖析》,《深圳大学学报》(人文社会科学版),2000 年第 5 期。

36. 吕元礼:《新加坡人民行动党执政模式分析》,《东南亚研究》,2005 年第 1 期。

37. 吕元礼:《新加坡人民行动党组织新变化》,《河南师范大学学报》(哲学社会科学版),2007 年第 6 期。

38. 吕元礼:《新加坡如何面对急功近利》,《人民论坛》,2011 年第 1 期。

39. 吕元礼:《新加坡:"为人民而行动的党"》,《同舟共济》,2009 年第 8 期。

40. 吕元礼:《新加坡一党长期执政何以保持廉洁》,《理论导报》,2008 年第 3 期。

41. 吕元礼:《新加坡一党执政何以保持廉洁》,《政策》,2008 年第 7 期。

42. 吕元礼:《新加坡怎样选用党政人才》,《领导文萃》,2011 年第 SZ 期。

43. 吕元礼:《学习借鉴新加坡的和谐之道》,《理论导报》,2008 年第 2 期。

44. 吕元礼、张超鑫:《新加坡政府执行力分析》,《北京联合大学学报》(人文社会科学版),2008 年第 1 期。

45. 吕元礼:《政治理性与东方智慧》,《深圳大学学报》(人文社会科学版),2009 年第 1 期。

46. 罗梅:《新加坡 2010—2011 年回顾与展望》,《东南亚纵横》,2011 年第 3 期。

47. 罗梅：《新加坡：2007—2008 年回顾与展望》，《东南亚纵横》，2008 年第 2 期。

48. 孙景峰：《邓小平访新与中国改革开放政策的最终决策》，《河南师范大学学报》(哲学社会科学版)，2008 年第 6 期。

49. 孙景峰：《国际人才竞争与新加坡的发展》，《继续教育》，2005 年第 10 期。

50. 孙景峰：《加强对新加坡人民行动党的研究》，《河南师范大学学报》(哲学社会科学版)，2002 年第 3 期。

51. 孙景峰、李社亮：《基层组织与新加坡人民行动党执政地位的延续》，《河南师范大学学报》(哲学社会科学版)，2011 年第 1 期。

52. 孙景峰、李社亮：《新加坡社会基层组织的地位与性质探析》，《社会科学研究》，2010 年第 6 期。

53. 孙景峰：《论新加坡人民行动党阶级属性的转换》，《当代世界社会主义问题》，2005 年第 3 期。

54. 孙景峰：《论新加坡人民行动党面临的三大挑战》，《河南师范大学学报》(哲学社会科学版)，2006 年第 1 期。

55. 孙景峰：《论新加坡人民行动党群众基础的构建》，《深圳大学学报》，2007 年第 2 期。

56. 孙景峰、满振刚：《人民行动党与新加坡司法体系》，《东南亚纵横》，2004 年 12 期。

57. 孙景峰：《民情沟通与新加坡人民行动党社会基础的巩固》，《社会主义研究》，2006 年第 2 期。

58. 孙景峰:《人民行动党与新加坡行政体系》,《河南大学学报》(社会科学版),2005 年第 2 期。

59. 孙景峰:《人民行动党与新加坡政治——新加坡前国会议员白振华访谈录》,《河南师范大学学报》(哲学社会科学版),2007 年第 2 期。

60. 孙景峰:《世界民主化浪潮下的新加坡威权体制》,《吉林大学社会科学学报》,2007 年第 4 期。

61. 孙景峰:《试论新加坡人民行动党执政地位的确立与巩固》,《河南师范大学学报》,2004 年第 1 期。

62. 孙景峰:《试论新加坡一党独大的政治体制》,《国际问题研究》,2007 年第 5 期。

63. 孙景峰、孙培:《芳林公园的进一步开放与新加坡民主政治发展趋势》,《南京师范大学学报》(社会科学版),2009 年第 4 期。

64. 孙景峰、孙培:《新加坡人民行动党电子党务建设的实践与经验》,《深圳大学学报》(人文社会科学版),2008 年第 6 期。

65. 孙景峰、王锐:《部长加薪与新加坡"高薪"功能的转变》,《河南师范大学学报》(哲学社会科学版),2007 年第 6 期。

66. 孙景峰、王锐:《从部长加薪辩论透视新加坡政治发展动向》,《社会科学研究》,2008 年第 3 期。

67. 孙景峰:《新加坡工会与政府关系刍议》,《工会理论研究》(上海工会管理干部学院学报),2004 年第 5 期。

68. 孙景峰:《新加坡立法体系与人民行动党》,《南洋问题研究》,2005 年第 4 期。

69. 孙景峰:《新加坡人民行动党的执政理念》,《社会科学研究》,2005 年第1期。

70. 孙景峰:《新加坡人民行动党的自我更新与执政》,《东南亚》,2005年第4期。

71. 孙景峰:《新加坡人民行动党维持执政合法性机制探析》,《东南亚》,2004年第3期。

72. 孙景峰:《新加坡人民行动党意识形态研究》,《社会科学研究》,2006年第3期。

73. 孙景峰:《新加坡人民行动党与反对党》,《学术界》,2006年第2期。

74. 孙景峰:《新加坡人民行动党执政的社会生态研究》,《河南师范大学学报》(哲学社会科学版),2005年第1期。

75. 孙景峰:《新加坡人民行动党执政经验研究》,《深圳大学学报》(人文社会科学版),2005年第1期。

76. 孙景峰:《新加坡人民行动党执政理念评析》,《上海行政学院学报》,2005年第1期。

77. 孙景峰:《新加坡威权体制的构建与社会发展成本的降低》,《山西大学学报》(哲学社会科学版),2006年第1期。

78. 孙景峰:《中国学术界对新加坡研究硕果累累》,《东南亚纵横》,2002年第7期。

79. 王彩玲:《新加坡政党制度的内在逻辑及其演进趋势》,《厦门大学学报》(哲学社会科学版),2008年第4期。

80. 王来法、黄俊尧,[韩]金基福:《市民社会兴起下的韩国政治变迁》,《国际论坛》,2004年第1期。

81. 王文智:《新加坡"软威权主义"政治分析》,《云南社会科学》,2008年第 1 期。

82. 王振亚、冉亚铃:《新加坡政治发展模式的制度特征及其对发展中国家现代化的启示》,《陕西师范大学学报》,1999 年第 6 期。

83. 魏新文、吕元礼:《新加坡社会保障体系的三重基石》,《中共中央党校学报》,2009 年第 3 期。

84. 夏国兴:《新加坡政治体制建设探微》,《教学与管理》,1995 年第 3 期。

85. 萧功秦:《新加坡的"选举权威主义"及其启示——简论中国民主发展的基本路径》,《战略与管理》,2003 年第 1 期。

86. 肖长华、胡庆亮:《论新加坡政治体制的成因——一种应然与实然的分析视角》,《东南亚纵横》,2005 年第 12 期。

87. 许道敏:《新加坡:严密立法严格执行》,《中国监察》,2002 年第 16 期。

88. 许敏、肖京林:《浅析新加坡廉政建设——基于政治文明视角下的分析》,《湖北函授大学学报》,2009 年第 2 期。

89. 杨慕华:《近十年中国学者关于新加坡政治研究述评》,《南洋理工学院学报》,2010 年第 3 期。

90. 张春阳、吕元礼:《新加坡人民行动党构建和谐社会的执政理念》,《中共中央党校学报》,2007 年第 1 期。

91. 张骥、刘建文:《论新加坡政治发展的影响因素及启示》,《中南民族大学学报》,2004 年第 1 期。

92. 张键、吕元礼:《新加坡政府民意吸纳与反馈机制——以民情联系组为例》,《学习月刊》,2010 年第 29 期。

93. 赵连忠:《透视新加坡"柔性一党优位制"——兼谈中国民主政治发展路径》,《长白学刊》,2004 年第 5 期。

94. 赵增彦:《新加坡如何反腐倡廉》,《理论导刊》,2006 年第 5 期。

95. 朱桂芳:《浅析新加坡李显龙政府对华政策的走向》,《西南民族大学学报》(人文社科版), 2005 年第 4 期。

二、英文文献

1. C. M. Turnbull, *A History of Singapore 1819-1988*, Singapore: Oxford University Press, 1989.

2. Diane K. Mauzy and R.S.Milne. *Singapore Politics Under the People's Action Party*, London : Routlege, 2002.

3. Edwin Lee. *The British as Rulers: Governing Multiracial Singapore 1867-1914*, Singapore: Singapore University Press, 1991.

4. Garry Rodan(ed.), *Singapore*, Ash gate Publishing Limited, 2001.

5. Gavin Peebles and Peter Wilson, *Economic Growth and Development in Singapore: Past and Future*, Edward Elgar, UK&USA, 2002.

6. Han Fook Kwang, *Lee Kuan Yew: The Man and His Ideas*, Times Editions Pte.Ltd, 1998.

7. Janet W. Salaff, *State and Family in Singapore: Restructuring an Industrial Society*, Cornell University Press, 1989.

8. Jon S. T. Quah, Chan Heng Chee, Seah Chee Meow (eds.), *Government and Polities of Singapore*, Singapore: Oxford University Press, 1985.

9. Jon S.T.Quah, *In Search of Singapore's national values*, Singapore: the institute of policy studies, 1990.

10. Kernial Singh Sandhu, P. Wheatley （eds.）, *Management of success*: *The Molding of Modern Singapore*, Singapore, 1989.

11.Kevin Tan and Lam Peng Er, *Managing Political Change in Singapore——the Elected Presidency*, London: routlege, 1997.

12. Michael Haas （ed.）, *The Singapore Puzzle*, *Westport*, Conn.: Praeger, 1999.

13. Tremenwan ChristoPher, *The Political Economy of social Control in Singapore*, New York: ST. Martin's Press, 1994.

后　记

　　本书的雏形是我的博士毕业论文,2012 年 9 月启动,2013 年 12 月完成初稿,2014 年 5 月反复修改后定稿。论文的撰写和修缮过程艰苦、漫长,却很充实,记忆中还是导师围绕某一论证而谆谆教导、循循善诱的画面,印象中还是奔波于中央党校研究生院和国家图书馆之间的 835 公交,脑海里时常浮现的还是敲下论文最后一个句号时的轻松愉悦。2014 年 7 月博士毕业开始在大学任教,在政治学理论和中外政治制度比较的课堂上,我对政治民主理论,新加坡政治制度又进行了系统学习和梳理,完善了博士论文中的相关内容。2019 年 10 月党的十九届四中全会召开,审议通过了《中共中央关于坚持和完善中国特色社会主义制度、推进国家治理体系和治理能力现代化若干重大问题的决定》,这是一次具有开创性、里程碑意义的重要会议,是党的历史上首次用一次中央全会专门研究国家制度和国家治理问题。2022 年 10 月,党的二十大胜利召开,习近平作了题为《高举中国特色社会主义伟大旗帜　为全面建设社会主义现代化国家而团结奋斗》的报告,强调党的百年奋斗成功道路是党领导人民独立自主探索开辟出来的, 马克思主义的中国篇章是中国共产党人依靠自身力量实践出来的，贯穿其中的一个基本点就是中国的问题必须从中国基本国情出发，由中国人自己来解答。要坚持道不变、志不改，既不走封闭僵化的老路，也不走改旗易帜的邪路，坚持把国家和民族发展放在自己力量的基点上，坚持把中国发展进步的命运牢牢掌握在自己手中。这也再次引发并坚定了我对政治制度、政治发展、政治民主的思考，于是产生了对把博士论文整理成书稿的想法，这是本书产生的源头所在。

　　整理书稿的过程也是漫长而琐碎的，毕竟工作不与学生时代相同。从2019年底到2022年底，两年有余的时间，不仅正常的教学科研工作要完成，而且需要平衡家庭和个人发展，在支离破碎的时间中查找资料、完善论证，终究可以交稿，我也是心有惴惴焉。这期间，幸得来自工作单位中共天津市委党校的大力支持和天津人民出版社武建臣编辑的积极帮助指导，还有原单位天津科技大学法政学院的资助，我深表感谢。学术研究即为个人学术观点的阐释和表达，本书中的学理研究仅代表个人的观点，有论证不当或不足之处欢迎学界同人批评指正，共同探讨。

梅少粉

2022 年 12 月 29 日于兰景园